WORKBOOK

Dulce García
The City College of New York, C.U.N.Y.

LAB MANUAL

Nohelia Rojas-Miesse
Miami University, Oxford, Ohio

Student Activities Manual

to Accompany

Conexiones

Comunicación y cultura

THIRD EDITION

Eduardo Zayas-Bazán
East Tennessee State University

Susan Bacon
University of Cincinnati

Dulce García
The City College of New York, C.U.N.Y.

PEARSON
Prentice
Hall

Upper Saddle River, New Jersey 07458

Executive Editor: *Bob Hemmer*
Editorial Assistant: *Debbie King*
Executive Director of Market Development: *Kristine Suárez*
Director of Editorial Development: *Julia Caballero*
Production Supervision: *Nancy Stevenson*
Project Manager: *Jackie Henry, TechBooks/GTS*
Assistant Director of Production: *Mary Rottino*
Supplements Editor: *Meriel Martínez Moctezuma*
Media Editor: *Samantha Alducin*
Media Production Manager: *Roberto Fernandez*
Prepress and Manufacturing Buyer: *Christina Helder*
Prepress and Manufacturing Assistant Manager: *Mary Ann Gloriande*
Interior Design: *TechBooks/GTS*
Senior Marketing Manager: *Jacquelyn Zautner*
Marketing Assistant: *Bill Bliss*
Publishing Coordinator: *Claudia Fernandes*
Publisher: *Phil Miller*

This book was set in 11/14 Sabon by TechBooks/GTS, York, PA. It was printed and
bound by Bind-Rite Graphics. The cover was printed by Bind-Rite Graphics.

Pearson Education Ltd.
Pearson Education Singapore Pte. Ltd.
Pearson Education Canada, Ltd.
Pearson Education—Japan

Pearson Education Australia Pty. Limited
Pearson Education North Asia Ltd.
Pearson Educación de Mexico, S.A. de C.V.
Pearson Education Malaysia Pte. Ltd.

10 9 8 7 6
ISBN: 0-13-193403-1

Contents

Workbook
Lección preliminar
¡Hagamos conexiones!

PRIMERA PARTE

1. Gender and number of nouns

Words that identify persons, places, or objects are called nouns. Spanish nouns—even those denoting nonliving things—are either masculine or feminine in gender.

Masculine		Feminine	
el muchacho	the boy	la muchacha	the girl
el hombre	the man	la mujer	the woman
el profesor	the professor	la profesora	the professor
el lápiz	the pencil	la mesa	the table
el libro	the book	la clase	the class
el mapa	the map	la universidad	the university

♦ Most nouns ending in **-o** or those denoting male persons are masculine: **el libro, el hombre.** Most nouns ending in **-a** or those denoting female persons are feminine: **la mujer, la mesa.**

♦ Some common exceptions are **el día** (*day*) and **el mapa** (*map*), which end in **-a** but are masculine. Another exception is **la mano** (*hand*), which ends in **-o** but is feminine.

The following basic rules will help you determine the gender of many Spanish nouns.

1. Many nouns referring to persons have corresponding masculine **-o** and feminine **-a** forms: **el muchacho / la muchacha; el niño / la niña** (*boy / girl*).

2. Most masculine nouns ending in a consonant simply add **-a** to form the feminine: **el profesor / la profesora, el león / la leona, un francés / una francesa.**

3. Certain person nouns use the same form for the masculine and the feminine but change the article to identify the gender: **el estudiante / la estudiante** (*male / female student*).

4. Most nouns ending in **-ad, -ión, -ez, -ud,** and **-umbre** are feminine: **la universidad, la nación, la niñez** (*childhood*), **la juventud** (*youth*), **la legumbre** (*vegetable*).

5. Nouns that begin with a stressed **a** use the masculine article in the singular, even though they are feminine nouns: **el agua sucia / las aguas cristalinas; el águila dorada** (*golden eagle*) / **las águilas norteamericanas.**

   An exception to this rule is **el arte plástico / las bellas artes: arte** is masculine in the singular and feminine in the plural.

6. When in doubt, the article will tell you what the gender of the noun is: **un pupitre / una clase / un lápiz.**

Aplicación

P-1   Internet. Estás leyendo el periódico y encuentras este artículo sobre el Internet. Identifica el género y número de los sustantivos de este texto, y escribe el artículo definido o indefinido apropiado.

(1)_____ red informática es (2)_____ de (3)_____ avances más significativos en (4)_____ historia de (5)_____ telecomunicaciones. Es impresionante el auge y la popularidad que ha alcanzado este invento. Esto se puede apreciar claramente en cualquier lugar y actividad de nuestra sociedad: en (6)_____ trabajo, en (7)_____ radio, en (8)_____ prensa, en (9)_____ televisión, en (10)_____ cine ... e incluso cuando vamos a (11)_____ bar o a tomar (12)_____ café. Podemos decir que (13)_____ red informática está cambiando nuestra sociedad. Esto también tiene (14)_____ gran impacto en (15)_____ mundo de (16)_____ negocios y por tanto acelera muchísimo (17)_____ desarrollo de (18)_____ economía. Algunos expertos piensan que para mediados del siglo XXI (19)_____ mundo físico va a ser remplazado por (20)_____ mundo virtual. Vivimos en (21)_____ era de revolución tecnológica que determina (22)_____ manera en que (23)_____ ser humano se relaciona con su ambiente socio-cultural.

P-2   En el zoológico. Estás en el zoológico y lees el folleto (*brochure*) que dan con la entrada con información general sobre algunas especies de animales. Algunos nombres de animales son siempre masculinos, otros son siempre femeninos, y los demás pueden ser o masculinos o femeninos dependiendo del sexo. Escribe el nombre y el artículo definido o indefinido del animal que mejor encaja con las descripciones que siguen. Busca en el diccionario si tienes dudas sobre el género del animal.

MODELO: *Los elefantes* son grandes y grises. Las hembras tienen una gestación de casi dos años antes de dar a luz. Luego, *la elefante* cuida a su bebé con gran ternura.

águila	jirafa	rana
caballo	león	serpiente
camello	oso	tiburón
cebra	pez	tigre
delfín		

(1)_____ es un animal africano con rayas anaranjadas y negras.

(2)_____ de Siberia son blancos porque su hábitat es la nieve.

(3)_____ caza a otros animales para darles de comer a sus cachorros.

(4)_____ se parece (5)_____, pero es

fuerte y más pequeño. Tiene rayas negras y blancas para camuflarse en el desierto africano y así

protegerse de los depredadores. (6)_____ tiene un cuello largo que le

permite alcanzar su comida en los árboles más altos. (7)_____ puede

sobrevivir bastante tiempo sin agua en el desierto. Algunas de (8)_____

del desierto, como la de cascabel, son venenosas. En el charco (9)_____

dan serenata toda la noche para atraer a su pareja.

En el agua se pueden ver animales marinos como (10)_____,

(11)_____ y (12)_____.

Entre las aves, (13)_____ es un animal majestuoso que es el

símbolo de los Estados Unidos y también de México.

SEGUNDA PARTE

2. Cardinal numbers

0	cero	26	veintiséis
1	uno	27	veintisiete
2	dos	28	veintiocho
3	tres	29	veintinueve
4	cuatro	30	treinta
5	cinco	31	treinta y uno
6	seis	40	cuarenta
7	siete	50	cincuenta
8	ocho	60	sesenta
9	nueve	70	setenta
10	diez	80	ochenta
11	once	90	noventa
12	doce	100	cien
13	trece	101	ciento uno
14	catorce	200	doscientos/as
15	quince	300	trescientos/as
16	dieciséis	400	cuatrocientos/as
17	diecisiete	500	quinientos/as
18	dieciocho	600	seiscientos/as
19	diecinueve	700	setecientos/as
20	veinte	800	ochocientos/as
21	veintiuno	900	novecientos/as
22	veintidós	1.000	mil
23	veintitrés	4.000	cuatro mil
24	veinticuatro	1.000.000	un millón (de)
25	veinticinco		

♦ **Uno** becomes **un** before a masculine singular noun and **una** before a feminine singular noun:

un libro   **una** mesa
un profesor   **una** chica

♦ In compound numbers, **-uno** becomes **-ún** before a masculine noun and **-una** before a feminine noun:

veintiún niños   **veintiuna** novelas

♦ The numbers **dieciséis** through **veintinueve** (16–29) are generally written as one word, though you may occasionally see them written as three words, especially in older publications:

diez y seis   **veinte y nueve**

♦ **Cien** is used when it precedes a noun or when counting:

En esta clase tenemos **cien** estudiantes.
noventa y nueve, cien, ciento uno

♦ **Ciento** is used in compound numbers between 100 and 200:

> **ciento quince; ciento cincuenta y ocho**

♦ When the numbers 200–900 modify a noun, they agree with it in gender:

> **cuatrocientos** muchachos   **setecientas** sillas   **novecientas** pesetas

♦ **Mil** is never used with **un** and is never used in the plural for counting. Use **miles** when you are referring to thousands of something.

> **mil, dos mil, tres mil**
> **miles** deeuros

♦ The plural of **millón** is **millones**, and when followed by a noun both take the preposition **de**:

> **dos millones de dólares**

♦ In Spain and in most of Latin America, thousands are marked by a period and decimals by a comma:

United States / Canada	Spain / Latin America
$1,000	$1.000
$28.50	$28,50
$28,749.64	$28.749,64

Aplicación

P-3 Centroamérica hoy. Quieres hacer un viaje a Centroamérica, y lees la información del tiempo en la página web del periódico "Centroamérica hoy" para saber cómo va a estar la temperatura allí. Escribe las temperaturas mínimas y máximas según se indica para el 12 de abril.

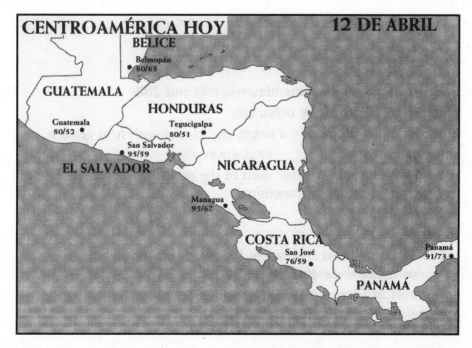

MODELO: La temperatura mínima en la Ciudad de Panamá: 73 setenta y tres grados Fahrenheit

1. La temperatura máxima en la Ciudad de Guatemala: 80 _____

2. La temperatura mínima en Tegucigalpa: 51 _____

3. La temperatura máxima en Managua: 95 _____

4. La temperatura máxima en San José: 76 _____

5. La temperatura mínima en San Salvador: 59_____

P-4 Viajes exóticos. Buscas un billete de avión barato para tu viaje. Escribe el precio en dólares de los viajes y las vacaciones de esta agencia de viajes.

MODELO: Lima $449   cuatrocientos cuarenta y nueve dólares

Vuelos

1. San José $359   _____

2. Bogotá $499   _____

3. Montevideo $839   _____

4. Mendoza $929   _____

5. Sao Paulo $589   _____

Cruceros

6. Canal de Panamá $1.590   _____

7. Las Islas Galápagos $3.540   _____

8. Río de la Plata $2.219   _____

9. Las Islas de Pascua $5.100   _____

Viajes extraterrestres

10. La luna $100.000   _____

11. Marte $3.895.069   _____

12. Plutón $100.000.000   _____

3. Ordinal numbers

primero/a	first	**sexto/a**	sixth
segundo/a	second	**séptimo/a**	seventh
tercero/a	third	**octavo/a**	eighth
cuarto/a	fourth	**noveno/a**	ninth
quinto/a	fifth	**décimo/a**	tenth

♦ Ordinal numbers in Spanish agree in gender and number with the noun they modify.

ésta es mi **primera** clase del día.   *This is my first class in the day.*

El **segundo** semestre es más difícil.   *The second semester is more difficult.*

♦ **Primero** and **tercero** are shortened to **primer** and **tercer** before masculine singular nouns.

Hoy voy a tomar mi **primer** examen de   *Today I'm taking my first biology test.*
biología.

La oficina del decano está en el **tercer** piso.   *The Dean's office is on the third floor.*

♦ In Spanish, ordinal numbers are rarely used after **décimo** (*tenth*). Cardinal numbers are used instead.

El departamento de ingeniería está en   *The Department of Engineering is on the*
el piso **once**.   *eleventh floor.*

Aplicación

P-5   Mi clase de historia. Tu tarea para la clase de historia es poner en orden cronológico estos acontecimientos usando los números ordinales.

1. _____ La Guerra Civil de los Estados Unidos (1863)

2. _____ La Segunda Guerra Mundial (1939)

3. _____ La Guerra Civil Española (1936)

4. _____ La Guerra entre España y los Estados Unidos (1898)

5. _____ La invasión árabe en España (711)

6. _____ La Guerra de la Independencia Norteamericana (1775)

7. _____ La Revolución Francesa (1789)

8. _____ La Guerra del Golfo Pérsico (1991)

9. _____ La Primera Guerra Mundial (1914)

10. _____ La Guerra de Vietnam (1965)

P-6 **¿Dónde están... ?** Marisela es nueva en la universidad. Ella consulta la guía que ofrece el edificio de ciencias a sus visitantes. Completa las oraciones indicando en qué planta se encuentra cada lugar.

DIRECTORIO

PLANTA 1	**Departamento de física; Departamento de astronomía**
PLANTA 2	**División de ciencias**
PLANTA 3	**Cafetería**
PLANTA 4	**Oficinas administrativas**
PLANTA 5	**Departamento de biología**
PLANTA 6	**Departamento de química**

MODELO: Para hablar con el profesor de física necesita ir a *la primera planta*.

1. Para obtener información sobre las últimas investigaciones sobre las propiedades de los elementos necesita ir a _____.

2. Para pedir una copia de sus notas debe ir a _____.

3. Para buscar información general sobre los cursos de ciencias que se ofrecen en esta universidad tiene que ir a _____.

4. Para conocer al jefe del departamento de biología debe ir a
_____.

5. Para solicitar la beca para hacer prácticas en la N.A.S.A. necesita ir a
_____.

6. Para almorzar tiene que ir a _____.

TERCERA PARTE

4. Present tense of regular verbs

Spanish verbs are classified into three groups according to their infinitive ending (-ar, -er, -ir). Each of the three groups uses different endings to produce verb forms (conjugations) in various tenses. The following chart shows the forms for regular -ar, -er, and -ir verbs.

	hablar	**comer**	**vivir**
yo	hablo	como	vivo
tú	hablas	comes	vives
usted él ella	habla	come	vive
nosotros/as	hablamos	comemos	vivimos
vosotros/as	habláis	coméis	vivís
ustedes ellos ellas	hablan	comen	viven

♦ The Spanish present indicative tense has several equivalents in English. In addition to the simple present, it can express ongoing actions and even future actions. Note the following examples.

Hablo español con Ana.	*I speak Spanish with Ana.*
	I am speaking Spanish with Ana.
Mañana tomamos el examen.	*Tomorrow we'll take the exam.*
	Tomorrow we are taking the exam.

♦ Note that the present tense endings for all three verb groups are identical for the first-person singular. All other verb forms merely undergo a vowel change.

-ar **endings**	*-er* **endings**	*-ir* **endings**
-o	-o	-o
-as	-es	-es
-a	-e	-e
-amos	-emos	-imos
-áis	-éis	-ís
-an	-en	-en

♦ The present tense endings of -er and -ir verbs are identical except for the **nosotros** and **vosotros** forms.

Aplicación

P-7 Nuestro mundo. En tu clase hay estudiantes de diferentes partes del mundo. Completa las oraciones con el verbo apropiado en el tiempo presente.

aprender	esquiar	viajar
beber	insistir	visitar
buscar	nadar	vivir
comer	pescar	

1. Más de veinte millones de hispanohablantes _____ hoy en día en los Estados Unidos.

2. Yo _____ en la importancia de aprender otro idioma.

3. Nosotros _____ todos los veranos a Costa Rica.

4. Si te gustan los museos grandes, ¿por qué no _____ las capitales y las grandes ciudades?

5. Si _____ una vida más tranquila, te van a gustar el campo y las montañas.

6. En las playas del mar Caribe (nosotros) _____ en el agua verde azul.

7. En los restaurantes famosos, (yo) _____ los platos más sabrosos.

8. Nosotros _____ en los ríos y los lagos y también

   _____ en las sierras que están siempre cubiertas de nieve.

9. (Vosotros) _____ los mejores vinos de cada país.

10. Y siempre (nosotros) _____ algo nuevo.

Nombre _____   Fecha _____

P-8 ¿Qué haces normalmente? Hablas con los estudiantes de tu clase porque quieres saber qué hacen normalmente en su tiempo libre. Completa las frases con la forma correcta del verbo lógico en el tiempo presente.

amar	escribir	preparar
beber	hablar	subir
caminar	leer	tomar
comprender	practicar	trabajar
correr		

1. Nosotros _____ el fútbol todos los domingos.

2. ¿Usted _____ regularmente el periódico por la mañana?

3. ¿(Vosotros) _____ siempre en el ascensor o por la escalera?

4. Nuestros amigos _____ cerveza en el bar de Roberto.

5. ¿Tú _____ una milla todas las mañanas?

6. (Yo) _____ por teléfono con mis amigos todas las noches.

7. (Yo) No _____ ni vino ni cerveza, sólo refrescos y jugo.

8. ¡(Tú) _____ una comida fenomenal!

9. Nosotras _____ a nuestros padres.

10. ¡(Tú) No _____ mis problemas!

11. ¿(Usted) _____ con su pareja?

12. (Nosotros) _____ varios correos electrónicos todas las noches.

P-9 No es sólo enseñar. En el periódico de la universidad hay un artículo sobre la dura vida académica de los profesores. Completa el párrafo con la forma correcta de los verbos entre paréntesis usando el tiempo presente.

Muchas personas (1)_____ (pensar) que el trabajo de los profesores se limita a dar sus clases. Estas personas también (2)_____ (opinar) que los profesores (3)_____ (tomar) largas vacaciones y que por eso (4)_____ (llevar) una vida bastante fácil. Estas personas no (5)_____ (saber) que enseñar en el salón de clase no es lo único que (6)_____ (hacer) los profesores. La verdad (7)_____ (ser) que los profesores (8)_____ (desempeñar) múltiples labores. Los profesores (9)_____ (preparar) sus clases, (10)_____ (tener) que diseñar cursos y a veces, hasta programas. Además de preparar e impartir sus clases, los profesores (11)_____ (corregir) composiciones, exámenes y trabajos. Además, ellos (12)_____ (hacer) las mismas tareas que les (13)_____ (dar) a sus estudiantes. También (14)_____ (calcular) las notas de sus estudiantes y (15)_____ (escribir) muchos informes cada semestre, así como propuestas, evaluaciones y cartas de recomendación para sus alumnos. Los profesores también (16)_____ (servir) en varios comités de su departamento y de la universidad.

Pero además de su trabajo como instructores y como administradores en su departamento, la mayoría de los profesores universitarios (17)_____ (tener) que llevar una vida académica activa. Casi todas las universidades lo (18)_____ (exigir). Muchos profesores (19)_____ (dar) conferencias en diferentes ciudades, (20)_____ (investigar) la información más reciente sobre su campo y (21)_____ (escribir) artículos y libros. Para muchas universidades, la cantidad de material publicado (22)_____ (ser) lo más importante al evaluar a un profesor o a una profesora. Por eso, muchos profesores (23)_____ (preferir) pasar sus «vacaciones» en bibliotecas y librerías, frente a la computadora o algún laboratorio.

En realidad, casi todos los profesores (24)_____ (ser) maestros, administradores, investigadores, consejeros, escritores, evaluadores, diseñadores y, a veces, ¡hasta consultores sentimentales!

5. Present tense of stem-changing verbs: e > ie, o > ue, e > i (e > ie)

Some verbs require a change in the stem vowel of the present indicative forms. Note the conjugation of the verb **querer**.

querer (+ action or thing = to want; + a + person = to love)			
yo	quiero	nosotros/as	queremos
tú	quieres	nosotros/as	queréis
usted, él, ella	quiere	ustedes, ellos, ellas	quieren

♦ Note that the changes occur in the first-, second-, and third-person singular, and in the third-person plural, because in these forms the stem contains the stressed syllable. Other common e > ie verbs are:

comenzar	to begin	pensar	to think
entender	to understand	preferir	to prefer
mentir	to lie	sentir	to feel

♦ Other common e > ie verbs, like **tener** (*to have*) and **venir** (*to come*), have an additional irregularity in the first-person singular. Note the following conjugations.

	tener	venir
yo	**tengo**	**vengo**
tú	tienes	vienes
usted, él, ella	tiene	viene
nosotros/as	tenemos	venimos
vosotros/as	tenéis	venís
ustedes, ellos, ellas	tienen	vienen

(o > ue)

Verbs like **volver** (*to return*) and **encontrar** (*to find*) belong to a different category of stem-changing verbs, one in which the **o** changes to **ue**. As with **e > ie** verbs, there is no stem change in the **nosotros** and **vosotros** forms.

	volver (to return; to come back)		
yo	vuelvo	nosotros/as	volvemos
tú	vuelves	vosotros/as	volvéis
usted, él, ella	vuelve	ustedes, ellos, ellas	vuelven

♦ Other commonly used **o > ue** changing verbs are:

***-ar* verbs**		***-er* verbs**	
almorzar	to have lunch	**llover**	to rain
contar	to tell; to count	**oler**	to smell
costar	to cost	**poder**	to be able, can
encontrar	to find		
jugar	to play	***-ir* verbs**	
mostrar	to show	**dormir**	to sleep
soñar (con)	to dream (about)	**morir**	to die
volar	to fly		

♦ **Oler** has a spelling change in all but the first- and second-person plural.

Ese perfume **huele** a manzanas.	*That perfume smells like apples.*
Olemos las flores en el campo.	*We smell the flowers in the country.*

♦ The verb **jugar** follows the same conjugation pattern as **o > ue** verbs, even though its stem vowel is **u.**

¿Juegan ustedes al béisbol?	*Do you play baseball?*
Sí, **jugamos** al béisbol los miércoles.	*Yes, we play baseball on Wednesdays.*

(e > i)

A third class of stem-changing verbs changes the stressed **e** of the stem to **i** in all forms except the first- and second-person plural.

	pedir (to ask for; to request)		
yo	pido	nosotros/as	pedimos
tú	pides	vosotros/as	pedís
usted, él, ella	pide	ustedes, ellos, ellas	piden

P-14 Una conversación con el decano. En una actividad de tu facultad le haces preguntas al decano. Usa la forma de respeto (Ud.).

TÚ: _____

DECANO: Mucho gusto. Soy Juan Manuel García, decano de la facultad de humanidades.

TÚ: _____

DECANO: Sí, el edificio donde estamos ahora fue construido en 1850.

TÚ: _____

DECANO: ¡Sí, lo conozco muy bien!

TÚ: _____

DECANO: Bueno, cuando tengo tiempo me gusta jugar golf.

TÚ: _____

DECANO: No, la verdad es que no veo mucho la televisión.

TÚ: _____

DECANO: ¿Ud. va a España en el verano? ¡Qué suerte!

TÚ: _____

DECANO: ¡Claro que sí! Si me da su dirección, le escribo una carta.

TÚ: _____

DECANO: De nada. ¡Que pase un buen año aquí en la universidad!

7. Simple verbal constructions

Formation of the progressive tenses (present and imperfect)

♦ The present progressive tense describes an action in progress at the time the statement is made. The imperfect progressive describes an action occurring in the past.

♦ The progressive is formed using any tense of the indicative of **estar** as an auxiliary verb and the **-ndo** form of the main verb, also called the present participle or gerund.

Progressive tenses of the verb *hablar*		
	Present progressive	**Imperfect progressive**
yo	estoy hablando	estaba hablando
tú	estás hablando	estabas hablando
usted él ella	está hablando	estaba hablando
nosotros	estamos hablando	estábamos hablando
vosotros	estáis hablando	estábais hablando
ustedes ellos ellas	están hablando	estaban hablando

♦ To form the present participle of regular **-ar** verbs, add **-ando** to the verb stem:

hablar: habl- + **-ando** = hablando

♦ To form the present participle of **-er** and **-ir** verbs, add **-iendo** to the verb stem:

comer: com- + **-iendo** = comiendo
escribir: escrib- + **-iendo** = escribiendo

♦ Stem-changing **-ir** verbs also have a stem change in the present participle.

conseguir	consiguiendo	preferir	prefiriendo
decir	diciendo	repetir	repitiendo
dormir	durmiendo	seguir	siguiendo
mentir	mintiendo	sentir	sintiendo
morir	muriendo	servir	sirviendo
pedir	pidiendo	venir	viniendo

Estamos **pidiendo** pollo asado.	*We are ordering roast chicken.*
La camarera está **sirviendo** la comida.	*The waitress is serving the food.*
En Sudán muchos niños están **muriéndose** de hambre.	*In Sudan many children are dying of hunger.*
El enfermo estaba **sintiéndose** mejor hoy.	*The patient was feeling better today.*

♦ Verbs with two vowels next to each other change one to **y** in the present participle.

huir	huyendo		oír	oyendo
ir	yendo		traer	trayendo
leer	leyendo			

El ladrón está **huyendo** de la policía.   *The thief is fleeing the police.*
Los ancianos están **leyendo** el periódico.   *The elderly people are reading the newspaper.*

♦ The present participle is invariable. It never changes its ending regardless of the subject. Only the verb **estar** is conjugated when using the present progressive forms.

♦ Unlike English, the Spanish present progressive is not used to express future time. Instead, Spanish uses the present indicative.

Vamos a la playa esta tarde.   *We are going to the beach this afternoon.*
Salgo mañana para Madrid.   *I am leaving tomorrow for Madrid.*

Aplicación

P-15 Una tarde en la biblioteca. Estás en la biblioteca y quieres describir lo que estas personas están haciendo. Completa cada oración con el presente progresivo del verbo.

MODELO: El profesor de inglés *está hablando* con el bibliotecario.

1. Juan le _____ (pedir) información al bibliotecario.

2. Julia _____ (venir) hacia nuestra mesa.

3. Nosotros _____ (decir) que necesitamos a Julia para estudiar.

4. En la sección de referencia Pablo y Cristóbal _____ (seguir) a un chico que tiene el libro que ellos necesitan.

5. Teresa _____ (dormir) sobre sus libros en la otra mesa.

6. Ahora el chico que tiene el libro _____ (decidir) si debe prestarle su libro a Pablo y a Cristóbal.

7. Yo me _____ (sentir) muy cansado.

8. ¡Además, Julia _____ (repetir) toda la explicación por tercera vez!

9. Creo que necesito ver al señor que _____ (servir) café afuera. ¡Creo que está ganando mucho dinero durante estos días de exámenes finales!

10. ¡Tres días sin dormir! ¡Me _____ (morir) de sueño!

P-16 Victoria para los estudiantes. Las protestas de los estudiantes han salido en la televisión. Completa las instrucciones del portavoz (*spokeperson*) de los estudiantes usando el imperfecto progresivo de los verbos entre paréntesis.

MODELO: Los estudiantes *estaban reuniéndose* frente al edificio de administración.

Compañeros, algo muy positivo ha ocurrido esta tarde en el Centro de Estudiantes. El líder de la

Asociación de Estudiantes (1)_____ (leer) el periódico local y su novia

Ana (2)_____ (ver) las noticias en la televisión. El vicepresidente de la

Asociación (3)_____ (revisar) unos documentos sobre el presupuesto

que el gobernador (4)_____ (planear) otorgarles a las universidades

públicas. Los tres estaban ocupados con sus cosas cuando en la televisión mostraron nuestra

protesta en las noticias. En el noticiero también dijeron que los estudiantes

(5)_____ (preparar) otra marcha en protesta al corte de los

presupuestos para las universidades del estado. Mencionaron en las noticias que los estudiantes

(6)_____ (exigir) la promesa del gobernador de no cortar más fondos

pero el gobernador inmediatamente les dijo que él «(7)_____ (hacer)

todo lo posible por solucionar la situación». ¿Qué creen, muchachos?

P-17 Un estudiante extranjero. En tu clase hay un estudiante que no sabe hablar español y tú tienes que traducir lo que él dice. Traduce las siguientes oraciones al español. ¡Ojo! Debes distinguir entre el presente simple y el presente progresivo.

1. What are you doing tomorrow? _____

   I'm going to the Accounting Department. _____

2. What are you (*pl.*) doing now? _____

   We're waiting for the professor. _____

3. What are you studying this year? _____

   I'm finishing my studies in engineering. _____

4. Are you saying that I'm not telling the truth? _____

   No, but you are exaggerating. _____

8. *Ir a* + infinitive

The construction **ir a** + *infinitive* is used in Spanish to express future time. It is equivalent to the English construction *to be going to + infinitive.*

¿Qué **vamos a hacer** el sábado?	*What are we going to do Saturday?*
Vamos a bailar a la discoteca.	*We're going to dance at the club.*
¿Con quién **ibas a** cenar anoche?	*With whom were you going to have dinner last night?*
Iba a cenar con mi novia cuando te vi.	*I was going to have dinner with my girlfriend when I saw you.*

Aplicación

P-18 La Voz: el periódico estudiantil. Completa la primera plana del periódico estudiantil de una universidad hispanoamericana. Completa las frases con la forma correcta de **ir a** según las indicaciones.

MODELO: El año próximo el nuevo rector va a darles más dinero a las asociaciones estudiantiles.

1. Dentro de dos semanas, el escritor Manuel Cano _____ venir a nuestra universidad para dar una conferencia.

2. El año que viene, la presidenta de la universidad _____ retirarse del mundo de la educación para servir como embajadora.

3. Pensamos que los estudiantes de cine Marcela Santos y Antonio Pereira

   _____ ganar el premio nacional por el mejor documental mañana por la noche.

4. El decano de la facultad de ingeniería _____ recibir esta tarde una beca para investigar la condición de varios puentes en la nación.

5. ¡Al fin! Las autoridades _____ darnos el permiso para marchar en la avenida principal.

6. Mañana tú _____ anunciar que necesitamos más fondos si queremos hacer una fiesta para la graduación.

7. Una actriz famosa _____ inaugurar nuestro nuevo teatro tan pronto como se termine su remodelación a finales de este semestre.

8. Este fin de semana nosotros _____ celebrar el día de la cultura en nuestra universidad. Habrá música, exhibiciones y excelente comida.

9. *Acabar de* + infinitive

Completed actions can be expressed with the construction **acabar de** + *infinitive*. The English equivalent is *to have/had just* + *past participle*.

Acabo de ganar la lotería.   *I have just won the lottery.*
Acababa de entrar en el restaurante   *She had just entered the restaurant when*
    cuando notó el olor.   *   she noticed the smell.*

Aplicación

P-19 Mejoras en la universidad. Éste es el resumen de las mejoras que se han hecho en la universidad. Completa las frases con la forma correcta de **acabar de** según las indicaciones.

1. El decano _____ inaugurar el nuevo laboratorio de lenguas.

2. Los estudiantes _____ decorar la sala estudiantil.

3. La biblioteca _____ recibir cien libros nuevos sobre la cultura hispana.

4. Los profesores de español _____ mudarse a una oficina nueva.

5. La administradora de la cafetería _____ abrir una nueva sección con comidas hispanas.

Lab Manual
Lección preliminar
¡Hagamos conexiones!

PRIMERA PARTE

1. Gender and number of nouns

P-20 Los animales. A Pablo y a su amigo les encantan los animales. En la siguiente grabación escucharás una serie de oraciones seguidas por una pausa. Durante la pausa, identifica el género y el número del animal que se menciona en la oración. Luego rellena el espacio en blanco con el nombre del animal y el artículo indefinido apropiado.

1. Es verdad, _____ son animales elegantes.

2. Eres muy valiente. _____ son animales peligrosos.

3. _____ que atacó a Roy todavía está vivo.

4. Es impresionante ver la ternura con que _____ cuidan a sus bebés.

5. A mí me dan miedo _____ .

P-21 ¿A qué género pertenece? Al amigo de Pablo le cuesta recordar el género de algunas palabras y Pablo decide ayudarlo. En la siguiente grabación escucharás una lista de palabras. Escucha la grabación cuantas veces sea necesario e identifica si la palabra es femenina o masculina.

MODELO: **Tú escuchas:**   tecnología
Tú escribes: femenina

1. _____
2. _____
3. _____
4. _____
5. _____
6. _____

SEGUNDA PARTE

2. Cardinal numbers

P-22 Las velocidades y los precios. Pablo y tú comparten datos interesantes aprendidos en diferentes viajes que han hecho. En la siguiente grabación escucharás una serie de oraciones que te dan información sobre velocidades y precios. Después de cada pausa, rellena el espacio en blanco con el número que escuchaste, escrito en palabras.

> MODELO: **Tú escuchas:**   Él maneja muy despacio. Siempre va a 20 millas por hora.
> **Tú escribes:**   Él maneja muy despacio. Siempre va a veinte millas por hora.

1. La velocidad máxima en las carreteras de los Estados Unidos es

   _____ millas por hora.

2. La velocidad máxima en las carreteras de la isla Caimán es

   _____ kilómetros por hora.

3. La velocidad del AVE, el tren de alta velocidad de España, es

   _____ kilómetros por hora.

4. Para 1992, el AVE había costado _____ de pesetas.

5. El boleto de Madrid a Barcelona en el AVE cuesta aproximadamente

   _____ dólares.

P-23 Ayúdame a contar. Pablo no es muy bueno con las matemáticas y no sabe contar muy bien. Ayúdalo. Después de cada número que escuches, habrá una pausa. Durante la pausa, escribe en palabras el número que sigue lógicamente al que dice Pablo.

> MODELO: **Tú escuchas:**   ciento uno, ciento dos, ciento tres
> **Tú escribes:**   ciento cuatro

1. _____

2. _____

3. _____

4. _____

5. _____

3. Ordinal numbers

P-24 La tienda. Marta trabaja en una tienda de unos grandes almacenes. En la siguiente grabación escucharás una conversación entre Marta y su amiga Rosana. Escucha la conversación cuantas veces sea necesario y luego rellena el espacio en blanco con el número ordinal que escuchaste.

> MODELO: **Tú escuchas:**   ¿Dónde están los cosméticos?
> **Tú escribes:**   Los cosméticos están en la cuarta planta.

1. Hoy es _____ día de trabajo de Marta en la tienda El Corte Español.

2. El departamento de mujeres está en _____ planta.

3. El departamento de niños está en _____ piso.

4. Los juguetes están en _____.

5. Marta trabaja en _____ planta.

P-25 ¿En qué piso está? Marisa va a ir a una entrevista de trabajo. Escucha su narración y luego rellena los espacios en blanco con los números ordinales que escuchaste.

Esta tarde voy a ir a (1)_____ entrevista para trabajar en un bufete

de abogados. (2)_____ entrevista fue la semana pasada. La

entrevista de hoy va a ser con otro abogado. El problema es que no me acuerdo dónde está su

oficina. No sé si está en (3)_____ piso del edificio o en

(4)_____. Voy a irme temprano para no llegar tarde. Si no encuentro

la oficina, voy a tener que tomar el elevador y bajar a (5)_____

planta para preguntarle a la secretaria.

TERCERA PARTE

4. Present tense of regular verbs

P-26 El centro recreativo. Guillermo nos cuenta sobre el centro recreativo que hay en su universidad. Escucha la narración cuantas veces sea necesario y luego rellena los espacios en blanco con el presente de indicativo del verbo que escuchaste. Debes de cambiar los verbos de primera persona a tercera persona.

En la universidad de Guillermo hay un centro recreativo muy bonito. Él

(1)_____ muchas horas del día en ese lugar. Él

(2)_____ la piscina todos los días. Sus amigos y él

(3)_____ frecuentemente. Además de hacer ejercicio, Guillermo

también (4)_____ en el centro recreativo. Guillermo y sus amigos

(5)_____ ahí porque el centro recreativo tiene computadoras muy

buenas. De esta manera, cuando él (6)_____ a casa puede relajarse y

ver la televisión.

P-27 ¿Qué quieres saber de mí? Tú acabas de conocer a tu nuevo compañero de cuarto de la universidad. Él es muy curioso y te hace muchas preguntas. En la siguiente grabación escucharás las preguntas seguidas por una pausa. Después de la pausa, contesta las preguntas de una manera lógica conjugando el verbo que escuchaste en el presente de indicativo.

MODELO: **Tú escuchas:**   ¿Qué idiomas hablas?
Tú escribes: Yo hablo español, inglés y un poco de chino.

1. _____ .

2. _____ .

3. _____ .

4. _____ .

5. _____ .

P-28 Ahora tú. Ahora te toca a ti saber cosas sobre tu compañero, pero está muy cansado. Imagina entonces qué te contaría sobre él, su vida, su familia, etcétera. A continuación escucharás una lista de verbos sin conjugar. Escucha la lista cuantas veces sea necesario y luego escribe una oración original y lógica usando cada verbo. Debes conjugar los verbos en el presente de indicativo y usar los siguientes pronombres personales.

MODELO: **Tú escuchas:**   cocinar
Tú escribes: Mi madre cocina muy bien.

yo	tú	nosotros	él/ella	ustedes

1. _____

2. _____

3. _____

4. _____

5. _____

5. Present tense of stem-changing verbs: e > ie, o > ue, e > i

P-29 Las actividades de Rodolfo. Rodolfo nos cuenta sobre sus actividades diarias en la universidad. Escucha la narración cuantas veces sea necesario y luego rellena los espacios en blanco con el verbo que escuchaste. Debes conjugar los verbos en la tercera persona singular o plural del presente de indicativo.

1. Todos los días Rodolfo _____.

2. Luego _____.

3. Generalmente _____.

4. Después de dormir se _____.

5. Sus amigos y él _____.

6. Rodolfo _____ con jugar en un equipo profesional.

P-30 En casa con mi mamá. Federico está en casa durante un fin de semana. El problema es que su madre siempre le está haciendo preguntas y él no puede relajarse. En la siguiente grabación escucharás las preguntas seguidas por una pausa. Después de la pausa, contesta las preguntas de una manera lógica conjugando el verbo que escuchaste en el presente de indicativo.

MODELO: **Tú escuchas:** ¿Qué quieres comer?
         Tú escribes: No quiero comer nada mamá.

1. _____.
2. _____.
3. _____.
4. _____.
5. _____.

P-31 Forma oraciones. A Federico se le ocurre un juego para jugar con su madre: ¡formar oraciones lógicas! A continuación escucharás una lista de verbos sin conjugar. Escucha la lista cuantas veces sea necesario y luego escribe una oración original y lógica usando cada verbo. Debes conjugar los verbos en el presente de indicativo y usar los siguientes pronombres.

MODELO: **Tú escuchas:** soñar
         Tú escribes: Mi hermana sueña con ser modelo.

$$\boxed{\text{yo} \qquad \text{ellos} \qquad \text{tú} \qquad \text{él/ella} \qquad \text{ustedes}}$$

1. _____

2. _____

3. _____

4. _____

5. _____

6. Present tense of irregular verbs

P-32 Una estudiante nueva. Marisela acaba de entrar a la universidad. En la siguiente grabación ella nos cuenta cómo se siente. Escucha la narración y luego indica si es *cierto* o *falso* lo que dijo Marisela.

1. _____ Marisela es nueva en la universidad.

2. _____ Marisela no está nerviosa, ella está tranquila.

3. _____ Ella sabe adónde tiene que ir para tomar sus clases.

4. _____ No conoce a nadie y se siente sola.

5. _____ Ella y sus amigas van a la misma universidad.

P-33 En la clase. Imagínate que eres Marisela, la chica de la actividad anterior. Tú vas a tu primera clase en la universidad y ahí conoces a Mireya. En la siguiente grabación escucharás una serie de preguntas que te hace Mireya. Después de cada pregunta escucharás una pausa. Durante la pausa contesta la pregunta de una manera lógica. Debes usar el mismo verbo que usa Mireya.

MODELO: **Tú escuchas:** ¿Qué haces?
Tú escribes: Hago mi tarea.

1. Sí, _____ nueva aquí.

2. _____ un poco nerviosa porque hoy es mi primer día.

3. No, yo tampoco _____ quién va a enseñar la clase.

4. Sí, generalmente mis amigas y yo _____ a divertirnos.

5. Por supuesto. Después de la clase yo te _____ mi número de teléfono.

7. Simple verbal constructions

P-34 Cambiando los verbos. A continuación escucharás una lista de verbos en el infinitivo. Escucha la lista cuantas veces sea necesario y luego pon el verbo en el gerundio.

    MODELO: **Tú escuchas:**   mentir
                 Tú escribes: mintiendo

1. _____
2. _____
3. _____
4. _____
5. _____
6. _____

P-35 Construyendo oraciones. Usa los verbos del ejercicio 34 y escribe una oración original y lógica usando el presente o el pasado progresivo.

    MODELO: **Tú lees:**   mintiendo
                 Tú escribes: Eso no es verdad. Mi hermana está mintiendo.

1. _____
2. _____
3. _____
4. _____
5. _____
6. _____

P-36 Varias preguntas. Alberto, un chico de tu clase, te llama para hacerte unas preguntas. A continuación escucharás una serie de preguntas. Al final de cada pregunta escucharás una pausa. Durante la pausa contesta las preguntas de una manera lógica usando el presente progresivo.

    MODELO: **Tú escuchas:**   ¿Qué haces?
                 Tú escribes: Estoy buscando mi cartera.

1. En este momento _____.

2. No puedo porque _____.

3. Él _____.

4. Ella _____.

5. Por supuesto, en este momento _____ la verdad.

8. *Ir a* + infinitive

P-37 ¿Qué planes tienes? Marisela y Mireya ahora son buenas amigas. En la siguiente grabación Mireya habla con Marisela para saber cuáles son sus planes para este fin de semana. Después de cada pregunta escucharás una pausa. Durante la pausa contesta las preguntas lógicamente usando la construcción *ir a* más uno de los verbos de la lista.

estudiar	trabajar	tener	ir	dormir	venir	ser	estar

1. _____ en la cafetería de la universidad.

2. No _____ porque tienen que visitar a mi abuela.

3. _____ probablemente mañana.

4. _____ porque necesito descansar.

9. *Acabar de* + infinitive

P-38 ¿Qué acabas de hacer? Tu compañero de cuarto es muy curioso y quiere saber todo lo que haces. En la siguiente grabación él te hace una serie de preguntas. Después de la pausa, contesta las preguntas usando la construcción *acabar de* más el infinitivo del verbo que escuchas.

MODELO: **Tú escuchas:** ¿Con quién acabas de hablar por teléfono?
Tú escribes: Acabo de hablar con mi mejor amigo.

1. _____ a la clase de español.

2. _____ una bebida extraña.

3. Nosotros _____ las vacaciones de primavera.

4. Tu novia _____. Dice que ya no quiere salir contigo porque eres muy curioso.

¡Así lo hacemos! ESTRUCTURAS

1. The preterit tense

1-3 Julio Verne. A Pablo le encantan las obras de Julio Verne, el padre de la ciencia ficción. Muchas de las historias que nacieron en su imaginación ahora forman parte de la realidad de nuestros días, como volar alrededor del mundo, ir a la luna y recorrer el fondo del mar en submarino. Ayuda a Pablo a completar la cronología de la vida de Julio Verne. Completa las oraciones con el pretérito de los verbos de la lista. Nota: Hay que repetir algunos verbos.

abandonar	dejar de	hacerse	publicar
adquirir	durar	morir	ser
añadir	enojarse	nacer	titular
casarse	enviar	navegar	traducir
comprar	escribir	ofrecer	traer
crecer	fundar	pasar	

Este gran escritor (1)_____ el 8 de febrero de 1828 en Nantes,

Francia. En 1847, su padre lo (2)_____ a París para que estudiara

leyes. Pero a Verne sólo le gustaba la literatura, y en 1850 (3)_____

su primera obra de teatro. Al enterarse de esto, su padre (4)_____

mucho; por eso, él (5)_____ darle dinero a su hijo. Aunque Verne

(6)_____ completamente su carrera de leyes, el escritor

(7)_____ largas horas en la Biblioteca Nacional de París estudiando

geología, ingeniería y astronomía.

Verne (8)_____ su primera novela, *Un viaje en globo*, en 1851.

Seis años más tarde, el escritor (9)_____ con Honorine de Viane. En

1862, Verne le (10)_____ a Pierre Jules Hetzel, escritor y editor de

libros para adolescentes, una serie de novelas llamada *Viajes extraordinarios*. El famoso escritor

(11)_____ el primer trabajo de esta serie *Cinco semanas en*

globo, que se (12)_____ en 1863. Esta novela le

(13)_____ a Verne mucho éxito, que

(14)_____ incrementando durante toda su vida. En 1864 y en 1865,

Verne (15)_____ *Viaje al centro de la tierra* y *De la tierra a la luna*, dos de sus obras más conocidas en todo el mundo. También, con este éxito, la asociación

Verne/Hetzel (16)_____ mucho y

(17)_____ toda la vida del escritor.

      Por la popularidad que Verne (18)_____ con ésta y otras

novelas, él (19)_____ muy rico y muy famoso. En 1876 Verne

(20)_____ un gran yate y (21)_____

alrededor de Europa. En 1869 Verne (22)_____ su famosa novela

Veinte leguas de viaje submarino. La invasión del mar fue su última novela, que se

(23)_____ justo antes de su muerte.

      Julio Verne (24)_____ el 24 de marzo de 1895 en Amiens,

Francia. Muchas personas piensan que Julio Verne, además de ser un gran escritor,

(25)_____ un visionario del futuro. El 31 de julio de 1935 se

(26)_____ La Sociedad Julio Verne en París. En 1999 se

(27)_____ el nombre de Julio Verne al prestigioso Salón de la Ciencia

Ficción y la Fantasía. Verne (28)_____ 65 novelas de ciencia ficción

que se han traducido a todos los idiomas y vivirán por siempre en nuestra imaginación.

1-4   La fiesta de fin del milenio. Alicia, la hermana de Pablo, habla de la fiesta de disfraces (*costumes*) que hizo en su casa para celebrar el fin del milenio. Completa su historia con el pretérito de los verbos de la lista.

asustarse	pintarse	tener
disfrazarse	ponerse	traer
ganar	ser	venir
gustar	sorprenderse	vestirse

El día 31 de diciembre de 1999 mis amigos y yo (1)_____ una fiesta de disfraces en mi casa para celebrar la entrada del año 2000.

(2)_____ una fiesta muy divertida porque todos los invitados

(3)_____ de personajes reales o de ficción del siglo XX. Yo

(4)_____ la cara como Marilyn Monroe y

(5)_____ una peluca rubia. Mi amigo Jeremías

(6)_____ de E.T., el extraterrestre, y todos

(7)_____ mucho al verlo. De hecho, él

(8)_____ el premio por el mejor disfraz de la fiesta. Mi novio Enrique

(9)_____ a la fiesta vestido como Joe DiMaggio. Él

(10)_____ una pelota de béisbol auténtica, firmada por el propio

DiMaggio. Yo (11)_____ mucho al verlo, porque él había mantenido

en secreto su disfraz durante semanas. ¡Nos (12)_____ mucho la idea

de ser una pareja famosa sólo por una noche!

1-5 Ordena la historia. A Alicia le encanta la historia del siglo XX. Ayúdala a reescribir las siguientes oraciones colocándolas en orden cronológico y conjugando el verbo en el pretérito.

- El Reverendo Martin Luther King, Jr., *pronunciar* su famoso discurso «Tengo un sueño». [1963]
- *Estallar* la Primera Guerra Mundial. [1914]
- *Caer* el muro de Berlín. [1989]
- *Comenzar* la Segunda Guerra Mundial. [1939]
- El hombre *llegar* a la luna por primera vez. [1969]
- Albert Einstein *postular* la teoría de la relatividad. [1919]
- Diana, la princesa de Gales, *morir* en Francia. [1997]
- *Iniciarse* la Perestroika en la antigua Unión Soviética. [1987]
- Los bolcheviques *ganar* la Revolución Rusa. [1917]
- Nelson Mandela *ser* elegido presidente de Sudáfrica. [1994]

MODELO:

1. La Primera Guerra Mundial estalló en 1914.

2. _____

3. _____

4. _____

5. _____

6. _____

7. _____

8. _____

9. _____

10. _____

2. The imperfect tense

1-6 Los hermanos Wright. Alicia quiere saber más sobre los hermanos Wright. Lee el texto. Después enlaza (*match*) las frases conjugando el verbo en paréntesis en el imperfecto para formar oraciones lógicas según la información del texto.

Los hermanos Wilbur y Orville Wright, los padres de la aeronáutica, ya desde pequeños tenían un gran interés en todo lo que funcionaba mecánicamente. Sus padres les daban constante apoyo para seguir sus intereses intelectuales y para investigar cualquier cosa que les llamaba la atención. Su padre a menudo les regalaba juguetes mecánicos, como un helicóptero, una máquina de coser, un giroscopio, etcétera. Aunque (*Although*) los dos hermanos eran muy distintos (el mayor, Wilbur, callado y Orville, muy aventurero), tenían un lazo de amistad grande y profundo y fueron muy amigos durante toda su vida, compartiendo sus mismas ansias y planes.

Ellos disfrutaban de la aeronáutica como un pasatiempo, algo que muchos pensaban que era atípico para niños de su edad. También se pasaban las horas estudiando cómo funcionaban las máquinas. Antes de llegar a la adolescencia ya eran capaces de fabricar sus propias maquinarias. La pasión, las habilidades, el esfuerzo y el estudio constantes de los Hermanos Wright transformaron para siempre el curso del siglo XX.

A

1. Los hermanos Wright (sentir) un gran interés _____

2. Su padre les (hacer) regalos mecánicos como _____

3. Wilbur (ser) callado, mientras que Orville (tener) _____

4. Ellos (compartir) _____

5. Los dos (tener) un pasatiempo distinto a los demás niños de su edad: _____

6. Wilbur y Orville (estudiar) el funcionamiento de las máquinas _____

7. Desde muy jóvenes, ellos (fabricar)

   _____

B

a. la aeronáutica.

b. por lo mecánico.

c. sus propias maquinarias.

d. durante horas.

e. sus ansias y planes.

f. un carácter más aventurero.

g. helicópteros, máquinas de coser y giroscopios.

1-7 En la luna. La abuela de Alicia le cuenta cómo pasó el día en que el hombre llegó por primera vez a la luna. Completa su narración con el imperfecto de los verbos entre paréntesis.

(1)_____ (ser) las diez de la noche cuando se emitieron las primeras imágenes. La mayoría de las personas que vieron por la televisión al hombre pisar el suelo lunar (2)_____ (estar) en sus casas. Hay que recordar que no todo el mundo (3)_____ (tener) televisión en casa. En mi casa (4)_____ (haber) un televisor en blanco y negro pequeño, pero que (5)_____ (funcionar) muy bien. Recuerdo que mis vecinos a veces (6)_____ (venir) a mi casa por la tarde para ver las noticias, porque ellos no (7)_____ (poder) permitirse el lujo (*afford*) de comprar un televisor.

Para muchas personas, ver que el hombre (8)_____ (estar) en la luna, les (9)_____ (parecer) un sueño o una visión. Sin embargo, yo (10)_____ (saber) que aquello era el principio de la era de las comunicaciones y los avances tecnológicos.

1-15 A leer

Hacia la autopista de la información y las comunicaciones

ENTREVISTADOR: Dr. Cánovas, díganos, ¿Cómo surgió el término «ciberespacio»?

DR. CÁNOVAS: William Gibson, el famoso escritor de ciencia-ficción, escribía una novela en 1984 cuando pensó en el término «ciberespacio».

ENTREVISTADOR: ¿Qué impacto ha tenido la red informática en nuestras vidas?

DR. CÁNOVAS: La red informática mundial, o Internet, ha sido uno de los inventos más significativos del siglo XX. Aunque la interacción computacional está apenas comenzando, en poco más de diez años ha cambiado dramáticamente nuestro mundo.

ENTREVISTADOR: ¿Cómo? ¿De qué maneras?

DR. CÁNOVAS: La red informática mundial ha roto las barreras del tiempo y la distancia, permitiéndoles a personas de todo el planeta compartir información y trabajar juntas.

ENTREVISTADOR: ¿Puede hablarnos un poco sobre su historia?

DR. CÁNOVAS: ¡Claro que sí!

ENTREVISTADOR: ¿Cuándo nació la red?

DR. CÁNOVAS: Nació en 1973 como un proyecto militar del Departamento de Defensa de los Estados Unidos.

ENTREVISTADOR: ¿Su uso era sólo militar?

DR. CÁNOVAS: Sí, pero pronto también se convirtió en un vínculo informático entre centros de investigación, universidades y laboratorios en los Estados Unidos con el propósito de compartir información científica.

ENTREVISTADOR: ¿Cómo se convirtió en la red informática mundial (*WWW*)?

DR. CÁNOVAS: Bueno, no fue hasta 1983 cuando se considera que nació realmente el Internet, al separarse la parte militar y la civil de la red. En ese momento ya la compartían 500 ordenadores interconectados. En el mismo año se creó el sistema de nombres de dominios (.com, .edu, etcétera, más las siglas de los países), que prácticamente se ha mantenido hasta ahora. Al año siguiente, en 1984, se forjó *Well,* la primera comunidad comercial de usuarios. Cinco años más tarde, en 1989, Internet se convirtió en la red informática mundial (*WWW*).

ENTREVISTADOR: ¿Qué pasó en 1989?

DR. CÁNOVAS: En ese año se hizo la primera demostración pública de la red: apareció el primer programa de correo electrónico. Tres años después, en 1992, ya se discutía el problema de cómo bloquear el «correo basura». A fines de ese año, el número de computadoras conectadas superaba los 100.000.

ENTREVISTADOR: ¿Desde cuando podemos «surfear»/navegar la red?

DR. CÁNOVAS: Con la extensión de las computadoras personales y el lanzamiento del primer navegador de la *WWW* popular, *Mosaic,* en 1993, llegó el momento de navegar la red.

ENTREVISTADOR: ¿Qué pasó después?

DR. CÁNOVAS: La red siguió multiplicando sus usuarios, dominios, sitios y páginas a pasos acelerados. Ya para 1996, la red interconectaba más de 25 millones de computadoras en más de 180 países. En 1997 ya había 17 millones de servidores en la red.

ENTREVISTADOR: ¿Cómo describe usted la red en estos momentos?

DR. CÁNOVAS: Hoy en día, más de diez años después, contamos con buscadores abarcadores y rápidos, programas como *Explorer* y *Netscape* que nos permiten navegar por la red como mucha facilidad. ¡El tráfico por la red se dobla cada 100 días! Hoy en día hay más de 5 millones de dominios y más de 800 millones de páginas.

ENTREVISTADOR: ¿Dónde estamos en la evolución de las telecomunicaciones?

DR. CÁNOVAS: ¡Sólo estamos empezando! La red continuará revolucionando el acceso a la información, las transacciones comerciales, las comunicaciones, el entretenimiento y muchas otras áreas de nuestras vidas. Aunque la evolución de la red hacia la autopista de la información apenas comienza, continúa acelerando su paso y multiplicando su contenido y capacidades.

ENTREVISTADOR: ¡Fascinante! Muchas gracias, Dr. Cánovas.

DR. CÁNOVAS: Ha sido un placer.

Entrevista con el Dr. Cánovas, experto en computación/informática.

Un invento que crece. Basándote en lo que has leído en la entrevista anterior sobre la red informática mundial, determina si las siguientes afirmaciones son ciertas (C) o falsas (F).

1. _____ La red mundial nació en las universidades de los Estados Unidos.

2. _____ El año 1989 fue decisivo para el desarrollo de la red mundial porque en ese año se crearon los dominios.

3. _____ En 1996 había menos de 100 países conectados por la red.

4. _____ En sus inicios, la red fue utilizada para que los científicos compartieran información.

5. _____ Según el Dr. Cánovas, la red ya ha llegado al momento más importante en su evolución.

6. _____ Se comenzó a navegar la red en el 1996.

7. _____ El primer programa «navegador» se llamaba *Mosaic*.

8. _____ La primera comunidad comercial de usuarios se desarrolló en el año 1984.

TALLER

Soy un invento y ésta es mi historia

1-17 Antes de escribir. Imagina que eres un invento importante del siglo XX. Piensa en el proceso de tu invención, tus características y tus funciones. ¿Cómo has evolucionado? Haz una lista cronológica de los sucesos (*events*) más importantes en tu invención y en tu evolución. Luego haz otra lista de tus características (antes y ahora). Haz una tercera lista de tus usos o funciones. Finalmente, haz otra lista con las razones por las que piensas que eres importante en la vida de los humanos.

1-18 A escribir. Ahora escribe, en primera persona, la historia de tu invención, tus características físicas y tus usos. Cuenta cómo éstos fueron cambiando hasta convertirte en lo que eres hoy. Después de tu historia escribe un párrafo en el que describas tu importancia en la vida de hoy.

1-19 Después de escribir. Presenta tu invento a la clase. Puedes llevar un dibujo.

Lab Manual
El siglo XX: Así fue

Chela Elliott Hoff

PRIMERA PARTE
¡Así lo decimos!

1-20 ¿Sabes cuál es la palabra? En la siguiente grabación escucharás una serie de palabras seguidas por una pausa. Durante esta pausa determina cuál es la palabra de la lista que debes usar para completar cada oración y luego escríbela en el espacio en blanco.

bolígrafo	desechan	~~fábrica~~	invento	~~tambor~~
bombilla	equipo	fabrican	~~jabón~~	~~teléfono móvil~~

1. teléfono móvil
2. jabón
3. tambor
4. fábrica
5. desechan

1-21 De compras. Ayer Ramón fue de compras. Escucha su narración donde nos cuenta lo que compró. Luego escribe en los espacios en blanco los artículos que no compró.

bolígrafo	insulina	~~lavadora~~	tambor	televisión a color
bombilla	~~jabón~~	~~refrescos~~	teléfono móvil	

1. jabón
2. tambor
3. teléfono móvil
4. televisión a color

spanish 7

¡Así lo hacemos! ESTRUCTURAS

1. The preterit tense

1-22 Cómo se llega a ser inventor. Ricardo es un joven ingeniero que inventó una máquina para limpiar y desinfectar cepillos de dientes. Escucha su relato tantas veces como sea necesario y completa cada frase con el verbo apropiado. Necesitas cambiar el verbo de primera persona a tercera persona.

> MODELO: **Tú escuchas:**   Comí y bebí mucho.
> **Tú escribes:**   Él comió y bebió mucho.

1. Ricardo _____ y _____ en Nicaragua.

2. Él _____ en la Universidad Centroamericana.

3. En 1991 se _____ en ingeniería industrial.

4. En la universidad Ricardo _____ muchas cosas interesantes.

5. Él participó en investigaciones en la universidad, por eso _____ ideas valiosas.

6. Por mucho tiempo _____ que un día llegaría a crear algo importante.

7. Ricardo nunca se _____ que ganaría tanto dinero con su invento.

1-23 Una visita del pasado. A continuación escucharás una entrevista con el legendario Pancho Villa. Escucha la grabación tantas veces como sea necesario y después indica si es cierto (C) o falso (F) lo que dijo Pancho Villa durante la entrevista.

1. __C__ Nació en el norte de México.

2. __f__ Fue a una escuela rural y nunca tuvo que trabajar.

3. __f__ Su padre fue maestro en una escuela.

4. __C__ Su amigo Pancho anduvo con Doroteo en las guerrillas.

5. __c__ Se cambió el nombre para honrar a su mejor amigo.

6. __f__ Su amigo murió de una enfermedad muy grave.

7. __f__ El nuevo Pancho Villa no hizo nada para ayudar a la gente pobre.

Nombre _Chela Elliott Hoff_ Fecha _____

1-24 Estoy furiosa. Mariana llama a su amiga Lina para contarle lo que su amigo Enrique le dijo sobre su novio Rolando. Escucha la grabación cuantas veces sea necesario y completa las siguientes oraciones con uno de los dos verbos entre paréntesis. Necesitas conjugar el verbo en el pretérito.

1. Enrique _____fue a_____ (salir de / ir a) la fiesta en casa de Patricio.

2. En la fiesta Enrique _____vio_____ (conocer/ver) a Rolando.

3. Rolando _____se divierto_____ (bailar/divertirse) mucho con esa chica.

4. Rolando y la chica _____llegaron juntos a_____ (pelearse en / llegar juntos a) la fiesta.

5. Enrique le _____le dijo_____ (decir / esconder) muchas cosas a Mariana y por eso ella siente muchos celos.

2. The imperfect tense

1-25 Pioneros de la aviación. Escucha la siguiente narración sobre los hermanos Wright. Escucha la grabación cuantas veces sea necesario e indica si las siguientes oraciones son ciertas (C) o falsas (F).

1. ___f___ Wilbur y Orville tenían la misma edad cuando su padre les regaló el juguete que les dio inspiración.

2. ___C___ A Wilbur y a Orville les fascinaba jugar con cualquier juguete mecánico. ☆

3. ___C___ Les interesaba saber cómo funcionaban las cosas.

4. ___f___ No consideraban la aeronáutica como un pasatiempo. Se tomaban sus investigaciones muy en serio.

5. ___f___ Sólo uno de los hermanos tenía habilidad para la aeronáutica. El otro hermano sólo contribuía con dinero.

1-26 Un accidente aéreo. Hace muchos años la ciudad de Caracas, Venezuela, sufrió uno de los mayores desastres aéreos. A continuación escucharás el relato de una testigo de este accidente. Escucha la grabación cuantas veces sea necesario y completa los espacios en blanco, conjugando, en el imperfecto, el verbo apropiado. Necesitas cambiar los verbos de primera persona a tercera persona.

La narradora no (1)_vivía_____ en Caracas. Su casa

(2)_____estaba_____ a 10 kilómetros de distancia. Su hija y ella

(3)_estaban_____ solas en casa porque su esposo

(4)_trabajaba_____ esa noche. Ella se (5)_sintía_____

muy cansada. Cuando (6)_____ a acostarse, las ventanas empezaron

a vibrar. Su hija (7)_____ porque tenía mucho miedo. La niña sólo

español _cuatro_

(8)_____ 3 años. La narradora no

(9)_____ exactamente dónde había ocurrido el accidente y por eso no

(10)_____ de pensar en su esposo.

1-27 Preguntas a un inventor. Imagínate que eres un joven ingeniero que inventó una máquina para limpiar y desinfectar cepillos de dientes. Te han invitado a un programa de radio para una entrevista. El locutor le dará la oportunidad al público de llamar al programa de radio para hacerte algunas preguntas sobre tu pasado. Al final de cada pregunta escucharás una pausa. Durante esta pausa tú tienes que escribir la respuesta a la pregunta. No olvides que debes conjugar el verbo y usar oraciones completas al contestar.

1. _____

2. _____

3. _____

4. _____

5. _____

SEGUNDA PARTE
¡Así lo decimos! VOCABULARIO

1-28 ¿Sabes cuál es la palabra? Primero lee las oraciones y luego escucha la grabación cuantas veces sea necesario. Al final de cada oración escucharás una pausa. Durante esta pausa determina qué palabra de la sección *¡Así lo decimos!* debes usar para completar cada oración. ¡Ojo! Si es un verbo, tienes que conjugarlo.

1. Desgraciadamente murieron todos los _tripulantes_.

2. Explotó inmediatamente después de _despegue_.

3. Yo sí creo que la nave espacial _alunizó_ en la luna.

4. Dicen que el Internet _almacena_ fotos de misiones espaciales supuestamente falsas. Yo no creo que la gente le dé importancia.

5. El agua, el aire, la luz solar y el _suelo_ son muy importantes en los sistemas ecológicos de la Tierra.

1-29 Un viaje accidental. En la siguiente grabación escucharás a Felipe contar un sueño que tuvo. Escucha la grabación cuantas veces sea necesario y completa los espacios en blanco con una de las palabras y expresiones de *¡Así lo decimos!*

Felipe soñó que era un (1)_____astronauta_____ y que estaba adentro de una extraña nave espacial. No estaba asustado porque iba acompañado de otros tres

(2)_____tripulantes_____. Estas personas (3)_____almacenaban_____

mucha comida porque ellos pensaban que iban a (4)_____perderse_____ en el espacio. Felipe les decía que no había que preocuparse porque

(5)_____suelo_____ de la luna era muy rico. Cuando la nave finalmente

(6)_____despegó_____, Felipe quería dirigir la misión pero ellos no lo

(7)_____dejaron_____ hacerlo. De repente, él sintió un movimiento. Habían

(8)_____aterrisado_____. Ellos sacaron a Felipe de la nave espacial y lo abandonaron en un planeta muy extraño. Todo estaba muy oscuro y tenía mucho miedo. Entonces, vio una figura extraña acercarse. Tenía una boca muy grande y mucho pelo. Unos segundos más tarde, escuchó una voz familiar. Felipe vio (9)_____rayo_____ de luz que cegó sus ojos. Cuando finalmente pudo abrir los ojos, vio a su novia con una bombilla en la mano.

¡Así lo hacemos! ESTRUCTURAS

3. Preterit vs. imperfect   _chela elliott hoff_

1-30 Un sueño muy extraño. Vas a escuchar una serie de preguntas basadas en el texto de la actividad anterior. Al final de cada pregunta escucharás una pausa. Durante esta pausa tú tienes que escribir la respuesta a la pregunta. No olvides que debes conjugar el verbo en el pretérito o el imperfecto y usar oraciones completas al contestar.

MODELO: **Tú escuchas:**   ¿Por qué no estaba asustado Felipe?
         Tú escribes: Porque iba acompañado de tres personas.

1. _____
2. _____
3. _____
4. _____
5. _____

1-31 Hechos del siglo XX. Escucha las siguientes oraciones e identifica si los verbos están en el pretérito o en el imperfecto. Escucha la grabación tantas veces como sea necesario y después, explica cuál es la razón de tu elección. Algunas oraciones tienen más de un verbo.

MODELO: **Tú escuchas:** Eran las 3:00 de la tarde del 21 de abril de 1997 cuando España envió por primera vez el minisatélite Minisat-01 al espacio.

　　　　Tú escribes: Eran; imperfect because it refers to time.
　　　　　　　　　　　Envió; preterite because it refers to a specific time.

1. _____

2. _____

3. _____

4. _____

5. _____

1-32 En mis propias palabras. Vuelve a escuchar la grabación que corresponde al ejercicio anterior. Primero identifica cuál es el infinitivo de los verbos que están en el pretérito o imperfecto. Luego escribe una reacción lógica o un comentario a esa oración usando el pretérito y el imperfecto.

MODELO: **Tú escuchas:** Eran las 3:00 de la tarde del 21 de abril de 1997 cuando España envió por primera vez el minisatélite Minisat-01 al espacio.

　　　　Tú escribes: Fue un día importante para el mundo de las comunicaciones en España.

1. _____

2. _____

3. _____

4. _____

5. _____

CONEXIONES

1-33 El fin del mundo. Vuelve a leer la lectura Y2K en las páginas 43–44 del texto. Después de leerla, escucha la grabación cuantas veces sea necesario y contesta las preguntas con oraciones completas.

1. _____

2. _____

3. _____

4. _____

future

2-9   Una campaña. Un grupo de voluntarios, amigos de Beatriz, quiere limpiar las zonas naturales alrededor de tu ciudad. Explica lo que harán para realizar la campaña. Escribe oraciones completas en el futuro. Recuerda hacer los cambios necesarios.

1. yo / pedir / apoyo / económico / de / gobierno

   _____

2. tú / conseguir / ayuda / de / voluntarios

   _____

3. Cristina y Tomás / poner / basureros / en / parques

   _____

4. Alma y yo / recoger / envases / de / aluminio

   _____

5. Celia / reciclar / botellas / de / cristal

   _____

6. Ustedes / tirar / basura

   _____

¡Así lo decimos! VOCABULARIO

2-10 Los anuncios clasificados del siglo XXI. Imagína que eres un estudiante de ciencias y estás buscando trabajo. Completa los siguientes anuncios de trabajo con las palabras de la lista.

> ADN/(*DNA*) astrofísica astrofísico/a
> bioquímicos/as cibernética geneticistas
> ingeniero/a jornada laboral microbiólogos/as
> nuclear programación

♦ Se necesitan expertos en (1) _programación_ de computadoras para diseñar varios programas. Favor de llamar a la compañía COMPROG.

♦ Buscamos tres (2) _geneticistas_ para el laboratorio forense de la policía de la ciudad de San Ignacio. Preferimos expertos en el análisis y la comparación del (3) _ADN_. Favor de llamar al capitán Pedro Juárez.

♦ Tenemos un puesto vacante para un/a experto/a en (4) _cibernética_ que se encargue de diseñar y mantener nuestra página en la red. Favor de presentarse personalmente a DIGINET.

♦ Se necesita urgentemente un/a (5) _ingeniero_ experto/a en energía (6) _nuclear_ para el diseño de un supertransformador que distribuirá electricidad a varias regiones del país. La (7) _jornada laboral_ constará de ocho horas diarias, sábados incluidos. Favor de entregar la solicitud personalmente en la oficina del Ministerio de Energía.

♦ La Universidad de Los Ríos busca un/a (8) _astrofísico_ para enseñar tres clases por semestre, dirigir el Departamento de (9) _astrofísica_, y coordinar una investigación sobre las lunas de Júpiter. Favor de llamar a la oficina de personal.

♦ Los laboratorios Mendel de la ciudad de Itama buscan (10) _microbiólogos_ cualificados para efectuar el aislamiento de los genes responsables de varias enfermedades. Favor de presentarse en la oficina central de L.M.I. en la calle Central.

2-11 Una fábrica de electrodomésticos (*appliances*). Completa el aviso para un trabajo con palabras y expresiones de la lista.

apagar	aparatos	los avances
avanzando	la calidad	encender
la fabricación		

Bluetooth representa uno de (1)_____ tecnológicos más importantes

de los últimos años. Esta nueva tecnología permitirá (2)_____ de

electrodomésticos como lavadoras, secadoras, hornos y acondicionadores de aire y de (3)

_____ electrónicos que se pueden

(4)_____ y (5)_____ con control

remoto y sin necesidad de cables. (6)_____ de estos productos será

superior a la de los productos con los que contamos hoy. Su desarrollo está

(7)_____ a pasos agigantados. Pronto se eliminarán los cables y

podremos lavar la ropa, cocinar y climatizar nuestras casas desde el auto o la oficina por medio de

nuestras computadoras o teléfonos móviles.

¡Así lo hacemos! ESTRUCTURAS

3. The Spanish subjunctive in noun clauses

2 Un técnico. Has concertado una cita con un técnico del laboratorio de computadoras de la universidad y él te está describiendo las responsabilidades de su trabajo. Completa las oraciones con el subjuntivo de los verbos entre paréntesis.

Quiero que mis colegas _____ (poner) todos los disquetes dañados en la _sura.

2. _iero que los estudiantes _____ (sacar) sus documentos de la impresora _diatamente.

3. _io que todos _____ (saber) usar la base de datos y el procesador de t_

4. Re__do que los profesores _____ (comunicarse) por correo electrónico.

5. Me _a que _____ (haber) tantos virus en los sistemas informáticos.

6. Me _e las pantallas de los monitores _____ (estar) limpias.

7. Insisto en que los estudiantes me _____ (dar) su carné de estudiante al entrar en el laboratorio.

8. Sugiero que los empleados del laboratorio _____ (apagar) las computadoras antes de salir.

2-13 La nueva tecnología. El Sr. Galeano, jefe de la empresa en la que vas a trabajar, da sus opiniones sobre el uso de la tecnología moderna en la oficina. Completa las oraciones con el subjuntivo o el indicativo de los verbos de la lista.

asegurar	poder	tener
distraer	ser	trabajar

1. Creo que el correo electrónico _____ una vía de comunicación imprescindible.

2. Dudo que mis colegas en España no _____ acceso a la red informática.

3. No estoy seguro de que una empresa _____ ser exitosa sin el apoyo de la informática.

4. Es evidente que los empleados que usan las nuevas herramientas que ofrece la tecnología _____ más eficientemente.

5. No creo que los contestadores automáticos _____ que haya buena comunicación.

6. Niego que la red informática _____ a los empleados.

2-14 De compras. Sonia, tu hermanita, piensa comprar una computadora nueva. Completa su párrafo con el subjuntivo, indicativo o infinitivo de los verbos.

buscar	comprar	costar
ir	requerir	sacar
ser	tener	

Quiero (1)_____ una computadora nueva porque este año empiezo mi carrera universitaria. Espero que no (2)_____ más de dos mil dólares. Papá me aconseja que (3)_____ un sistema barato para ahorrar dinero, pero yo prefiero que la computadora no (4)_____ muy antigua porque estoy segura de que el nuevo software (5)_____ mucha memoria. Es importante que la computadora (6)_____ un buen procesador de textos. Mamá dice que me (7)_____ a comprar una impresora láser para imprimir mis trabajos. ¡Espero (8)_____ buenas notas en mis clases con la ayuda de mi nueva computadora!

CONEXIONES
Páginas

2-15 Antes de leer. Tu hermana Sonia te pasa un artículo sobre la organización ecológica
Defensores del Bosque Chileno. Para entender mejor la lectura sobre esta organización, estudia
las siguientes palabras y expresiones del vocabulario clave y completa las oraciones de la
actividad. Recuerda hacer los cambios pertinentes (género y número de sustantivos y adjetivos;
conjugación de los verbos según su contexto, etc).

Vocabulario clave

abarcar	to encompass	promover	to promote
acerca	about	queñoa	kewina (Polylepis besseri). A plant species that grows in forests of South America. Other kind of angiosperm found in the Andean region, particularly in altitudes that surpass 5.000 meters. It encompasses 15 fragile ecosystems.
amenazar	to threaten		
asegurar	to assure		
bosquete	grove		
campaña	campaign		
cordillera	mountain range		
crear conciencia	to raise awareness		
debido/a a	due to		
depredador/a	predator	renoval	land populated with new sprouts from trees or plants after being pruned or cut
desarrollo	development		
emprender	to undertake		
en contra de	against	seguidor	follower
finalidad	purpose	sin fines de lucro	nonprofit
manejo	handling	templado	temperate
medida	measure	variado/a	diverse
monocultivo	planting of only one species		

1. Los _____ de los líderes ecologistas de hoy serán los líderes en la conservación de la naturaleza de mañana.

2. El clima de Quito, capital de Ecuador, no es ni muy caluroso ni muy frío:

   es _____.

3. Existen muchas y _____ subespecies del tigre.

4. ¡Tenemos que _____ nuestra causa! Todos deben saber las ventajas de conservar los ecosistemas de nuestras costas y los peligros de no hacer nada.

5. Hay que tomar las _____ necesarias para asegurarnos de que cese la tala ilegal de nuestros bosques.

6. El _____ de tecnologías que consuman energías alternativas es imperativo si queremos conservar los hábitats de nuestro planeta.

7. La falta de energía eléctrica en la región, _____ que el nivel de los ríos ha bajado considerablemente, está causando una situación de emergencia.

8. El ser humano es el peor _____ de la naturaleza.

9. La lucha _____ los barcos petroleros continuará por mucho tiempo.

10. La _____ de los Andes recorre varios países sudamericanos: Venezuela, Colombia, Ecuador, Bolivia, Perú, Argentina y Chile.

11. La _____ de nuestra organización es preservar la selva amazónica.

2-16 A leer

Defensores del Bosque Chileno

Las condiciones biogeográficas de Chile hacen de éste un país privilegiado en relación a su fauna de vertebrados terrestres. Asimismo, Chile es considerado prácticamente una isla, con el desierto de Atacama por el Norte, la Antártica por el Sur, la cordillera de los Andes por el Este y el océano Pacífico por el Oeste.

En Chile existen muy diversos tipos de bosques debido a que el país abarca una variedad de latitudes. Desde los bosques de queñoa, a más de 3.500 metros de altura, en el Norte, hasta los húmedo-templados del Sur, con al menos 2.000 mililitros de lluvia anuales, donde variados factores medioambientales han formado ecosistemas complejos y muy productivos.

Defensores del Bosque Chileno es una organización ciudadana sin fines de lucro, fundada en 1994, que tiene por objeto la conservación y defensa de los bosques nativos; la información y educación sobre los ecosistemas que componen el patrimonio forestal de la nación; y el desarrollo en el país de una conciencia de respeto por la naturaleza.

Entre sus objetivos está:

♦ Realizar campañas de información sobre los bosques de Chile.

♦ Desarrollar programas de educación ambiental.

♦ Influir para que la legislación sobre bosques asegure la conservación de los ecosistemas prístinos que aún existen y el manejo sustentable de los renovables.

♦ Promover la plantación de especies nativas en lugar del monocultivo de especies exóticas como pinos y eucaliptos.

♦ Emprender acciones legales en contra de proyectos forestales depredadores.

♦ Participar en proyectos internacionales de conservación de bosques con organizaciones ciudadanas especialmente de Argentina, Nueva Zelanda, Australia y los Estados Unidos.

Voces del Bosque es el periódico de Defensores del Bosque Chileno, con cuatro ediciones al año. Su finalidad es informar y crear conciencia acerca de los proyectos forestales que amenazan los bosques y el medio ambiente. Publica información y noticias que alertan a nuestros seguidores y ayuda a influir en las autoridades a tomar acciones concretas en la protección de los bosques. También ofrece información acerca del desarrollo de los objetivos principales de Defensores del Bosque Chileno, sus campañas y proyectos.

Visítenos en la red en la siguiente dirección: www.elbosquechileno.cl

2-17 Después de leer. Responde las preguntas a continuación según la información de la lectura.

1. Según la lectura, ¿por qué es Chile un país privilegiado?

2. Menciona dos tipos de bosques chilenos y sus características:
   a.
   b.

3. ¿A qué se dedica la organización Defensores del Bosque Chileno?

4. ¿Cómo actúa esta organización de manera internacional?

5. ¿Qué es *Voces del Bosque*? ¿Qué información aporta?

6. ¿Cómo se puede encontrar información sobre Defensores del Bosque Chileno?

TALLER

2-18 Antes de escribir. Piensa en los conflictos entre el progreso industrial y el medio ambiente. Haz una lista de compromisos que las industrias podrían hacer para no perjudicar el ecosistema. ¿Cuáles son las ventajas y desventajas de estas medidas?

2-19 A escribir. En tu opinión, ¿son compatibles la industria limpia y el progreso? ¿Cuál debe ser nuestra prioridad: la rentabilidad de la industria o el medio ambiente? Escribe una composición para expresar tus ideas.

2-20 Después de escribir. Cambia tu composición por la de un compañero (una compañera) y haz comentarios sobre el contenido, la estructura y la gramática. ¿Tu compañero/a ha explicado bien su posición? Escribe una lista de ideas para refutar sus argumentos.

Lab Manual
El progreso y la ecología

PRIMERA PARTE

¡Así lo decimos! VOCABULARIO

2-21 Nuestro mundo. Estás escuchando un programa de radio sobre el medio ambiente. Escucha la narración y luego elige una de las palabras de la lista para completar lógicamente cada oración.

ayudar	extinción	parar to stop	quemar
desaparecer	medio ambiente	plantar	reciclar
desechar	mundo	prevenir	rescatar

1. Si seguimos los consejos podremos ___prevenir___ la destrucción del medio ambiente.

2. El plástico no se debe ___desechar___.

3. No es bueno ___quemar___ los bosques.

4. Cuando veamos a un animal herido, lo debemos ___rescatar___.

5. Debemos hacer todo lo posible para que las especies de animales no lleguen al peligro de ___extinción___.

6. Mejoraremos nuestro ___medio ambiente___ si seguimos estos consejos.

2-22 Las predicciones. Uno de los invitados a un programa de radio sobre el medio ambiente hace unas predicciones acerca de la mejora de la situación medioambiental. En la siguiente grabación escucharás una serie de frases que hablan del futuro de la tecnología y del medio ambiente. Escucha la grabación cuantas veces sea necesario y luego completa las oraciones con una de las palabras de la sección ¡Así lo decimos! que escuchaste.

1. ___la sequía___ no afectará más a los agricultores.

2. Todas las personas del mundo podrán tener agua ___potable___.

3. ___efecto invernadero___ desaparecerá.

4. Habrá una máquina que eliminará ___el humo del aire___.

5. ___el combustible___ será muy barato porque nadie lo usará.

6. Todos los autos usarán ___energía solar___ para funcionar.

¡Así lo hacemos! ESTRUCTURAS

1. Uses of *ser, estar,* and *haber*

2-23 Lluvia de contaminantes. La siguiente noticia acerca de la contaminación del lago Cocibolca apareció en un programa de radio. Después de escuchar la narración, indica si las siguientes oraciones son ciertas o falsas.

1. ___f___ El lago Cocibolca es más grande que el lago Titicaca.

2. ___C___ En este momento hay peligro de que el lago Cocibolca se contamine tanto como el Xolotlán.

3. ___f___ El Xolotlán es una fuente importante de agua potable para Granada.

4. ___f___ En la costa de Granada no hay contaminación.

5. ___C___ El Cocibolca está contaminado con desechos industriales y urbanos.

6. ___C___ La única manera de prevenir la contaminación de este lago es educar a la población.

2-24 Los titulares de hoy. Estás escuchando un programa de titulares de noticias en la radio. El problema es que hay una campana que interfiere cada vez que dicen un titular y no puedes escuchar el verbo. Escribe cúal es el verbo que falta, *ser, estar* o *haber,* y después explica por qué.

MODELO: **Tú escuchas:** La fábrica (*you hear the bell*) desechando su basura en el lago de la ciudad.

Tú escribes: Está, *because it is a progressive construction.*

1. _____

2. _____

3. _____

4. _____

5. _____

2. The future tense

2-25 El proyecto del verano. Mireya es estudiante universitaria. Este verano ella tendrá que participar en un proyecto ecológico para poder terminar sus estudios. Escucha el diálogo entre ella y su profesor donde hablan sobre sus planes de investigación y luego completa la información que falta. No te olvides de conjugar el verbo en la tercera persona del futuro.

1. Mireya _____ a Granada.

2. _____ una campaña para educar a la gente.

3. Les _____ a las personas sobre los efectos dañinos que tiene la contaminación.

4. _____ trabajando en este proyecto por seis semanas.

5. _____ al profesor Rojas para hacer una cita con él cuando regrese de su viaje.

2-26 Preguntas sobre tu proyecto. Tú eres Mireya, la estudiante universitaria que escuchaste en el ejercicio anterior. Tú irás a Granada para trabajar en el proyecto del lago Cocibolca, pero antes de irte el profesor Rojas te llama a su oficina para hacerte algunas preguntas. Escucha las cuatro preguntas y luego contéstalas de una manera lógica.

1. _____

2. _____

3. _____

4. _____

2-27 ¿Por qué será? A tu amiga Mireya le molesta el comportamiento de Gloria, su compañera de cuarto. Tú tratas de ayudarla a entender por qué su compañera se comporta de esa manera. Cuando escuches la campana tú debes hacer *conjeturas* a las cosas que Mireya te cuenta.

MODELO: **Tú escuchas:**   Ella nunca lava su ropa.
              Tú escribes: Querrá ahorrar agua.

1. _____

2. _____

3. _____

4. _____

2-28 No estoy de acuerdo. Cuando Mireya se fue a Nicaragua, Gloria y tú se hicieron muy amigos/as, pero son muy diferentes. Gloria siempre es optimista respecto al medio ambiente y piensa que para el año 2010 todos los problemas se habrán solucionado. Tú eres muy pesimista y contradices a Gloria. Escucha lo que dice Gloria y luego escribe tu respuesta.

    MODELO: **Tú escuchas:**   El problema de la capa de ozono va a terminar para el año 2050.
              Tú escribes: El problema de la capa de ozono no terminará para el año 2050.

1. Las fábricas _____ más los ríos.

2. Las fábricas no _____ sus desperdicios.

3. Las fábricas tampoco _____ más el medio ambiente.

4. Las playas no _____ más limpias.

5. Las playas siempre van a estar sucias y los peces _____.

6. El problema no se _____ en unos pocos años.

SEGUNDA PARTE
¡Así lo decimos! VOCABULARIO

2-29 ¿Cuál será su profesión? Un amigo/a y tú están hablando de las profesiones y el futuro. Primero lee las siguientes oraciones y luego escucha la grabación cuantas veces sea necesario. Al final de cada oración escucharás una pausa. Durante esta pausa determina qué palabra de la sección *¡Así lo decimos!* debes usar para completar cada oración.

1. Desde que mi mejor amigo era niño soñaba con ser _____.

2. Nunca estudiaré para ser _____.

3. Me interesa estudiar las enfermedades, por eso en el futuro seré

_____.

4. Creo que en la universidad estudiaré para ser _____.

2-30 Nuestro mundo. Escucha lo que tu amigo tiene que decir acerca del futuro y la informática. Primero lee las oraciones a continuación y luego escucha la grabación cuantas veces sea necesario. Debes identificar cuál de las palabras de la sección *¡Así lo decimos!* debes usar para completar cada oración.

1. Nadie puede _____ el futuro.

2. _____ cambiará nuestro mundo.

3. Muchas personas estudian para ser _____.

4. La gente que trabaja en este campo tiene tiempo para _____.

5. Las computadoras son _____ sofísticados.

¡Así lo hacemos! ESTRUCTURAS

3. The Spanish subjunctive in noun clauses

2-31 Siempre digo que no. Gloria, tu amiga optimista, tiene algunas opiniones sobre el medio ambiente, y tú, que eres muy pesimista, la contradices. Escucha la grabación cuantas veces sea necesario y cambia los verbos del indicativo al subjuntivo.

1. No es evidente que fumar _____ la capa de ozono.

2. No estoy seguro/a de que el agua del lago _____ potable.

3. No pienso que el gobierno _____ a hacer algo para controlar el precio del petróleo.

4. No creo que muchos parques de nuestra ciudad _____ libres de plomo.

2-32 A clasificar. No te gusta ser tan pesimista, y crees que es hora de empezar a ver las cosas de otro modo. Escucha las siguientes oraciones tantas veces como sea necesario y después clasifica cada oración bajo una de las siguientes categorías.

a. Voluntad   c. Emoción   e. Hecho real
b. Duda/Negación   d. Expresión impersonal

1. _____
2. _____
3. _____
4. _____
5. _____
6. _____

2-33 Es necesario ahorrar dinero. Este año Orlando y Dora, tus vecinos, han tenido muchos problemas conyugales. Dora ha decidido hablar con su marido porque piensa que es posible mejorar su relación. Tú eres Orlando y estás de acuerdo con Dora. Escucha la grabación cuantas veces sea necesario y luego responde a las sugerencias de Dora usando el mismo verbo que Dora usó.

MODELO: **Tú escuchas:**   Es urgente modificar ciertos hábitos.
          Tú escribes: Sí Dora, es urgente que nosotros modifiquemos ciertos hábitos.

1. Sí Dora, es importante que nosotros _____.

2. Sí Dora, también es preciso que tú _____.

3. Sí, Dora, es verdad que yo _____.

4. Sí Dora, es bueno que nosotros _____.

5. Sí Dora, es necesario que nosotros _____.

2-34 Preguntas personales. Imagínate que estás a punto de graduarte pero estás un poco asustado/a por tu futuro. Por eso decides ir a hablar con un consejero de la universidad. A continuación escucharás cinco preguntas personales que te hace el consejero. Al final de cada pregunta escucharás una pausa. Durante esta pausa contesta la pregunta con una oración completa y de manera lógica. No puedes repetir los verbos.

1. _____

2. _____

3. _____

4. _____

5. _____

CONEXIONES

2-35 Antonio Berni. En la siguiente grabación escucharás una breve descripción del pintor argentino Antonio Berni. Después de escuchar la grabación, indica si las siguientes oraciones son ciertas o falsas.

1. _____ El arte de Antonio Berni era surrealista.

2. _____ Él empezó a pintar niños pobres porque él fue un niño pobre.

3. _____ Juanito era su hijo, por eso escogió ese nombre.

4. _____ Berni usó a Juanito en muchos de sus cuadros.

5. _____ Juanito representa a todos los niños pobres de Argentina.

¡Así lo hacemos! ESTRUCTURAS

1. The subjunctive with impersonal expressions

3-3 Amnistía Internacional (AI). Imagina que estás en una conferencia de Amnistía Internacional sobre los derechos humanos. Completa las oraciones con el presente de indicativo o de subjuntivo de los verbos apropiados.

desaparecer	haber	recibir
eliminar	obtener	ser
erradicar	oponerse	tomar
existir	querer	torturar

—Es verdad que (1)_____ gente encarcelada a causa de sus creencias,

su raza o su sexo. Para el movimiento AI, es preciso que se (2)_____

la libertad de los presos de conciencia, siempre que éstos no hayan usado ni promovido métodos

violentos.

—Es una lástima que los presos políticos no (3)_____ juzgados de

manera justa. Es importante que ellos (4)_____ un juicio imparcial.

—Es cierto que en muchos países (5)_____ la pena de muerte. Es

necesario que se (6)_____ este castigo.

—Es increíble que algunos grupos políticos (7)_____ a los presos. Es

preciso que se (8)_____ esta forma de trato cruel.

—Es extraño que algunas personas (9)«_____» misteriosamente por

expresar sus opiniones políticas. Es evidente que nosotros (10)_____

acabar con esta práctica.

—Es horrible que algunos grupos extremos de oposición (11)_____ a

los rehenes (*hostages*) como estrategia para lograr sus fines políticos. Es lógico que nuestro grupo

(12)_____ a este tipo de abuso.

3-4 **Violaciones de los derechos humanos.** A pesar de la firma de la Declaración Universal de los Derechos Humanos en 1948, todavía hay personas que no pueden disfrutar de todos sus derechos. Forma oraciones completas con el presente de indicativo o de subjuntivo para expresar opiniones sobre estos casos. Añade los elementos necesarios para que la oración sea correcta. Sigue el modelo.

MODELO: ser / increíble / alguno / gobiernos / negar / derechos / de / ciudadanos
Es increíble que algunos gobiernos nieguen los derechos de los ciudadanos.

1. ser / raro / mujeres / no / tener / derecho al sufragio / en / todo / países

_____

2. ser / lástima / alguno / presos / político / ser / torturado

_____

3. ser / malo / niños / pequeño / trabajar

_____

4. ser / verdad / no / todo / seres / humano / recibir / alimentación / adecuado

_____

5. ser / obvio / racismo / existir / mucho / lugares

_____

6. ser / horrible / haber / discriminación / religioso / alguno / partes / de / mundo

_____

3-5 El trab o infantil. Una reportera está investigando el caso de una fábrica denunciada por emple   a niños. Completa su reportaje con las expresiones impersonales apropiadas.

> es bueno   es horrible
>
> es evidente   es importante
>
> es extraño   es verdad

REPO? RA: Buenas tardes. Soy Carla Domíguez, reportera para el Canal Siete. Les estoy

hablando desde la fábrica de pelotas de fútbol. Ahora vamos a hablar con el

gerente de la fábrica, el señor Parras, para averiguar la verdad. Señor Parras,

(1)_____ que algunas fábricas permiten que los niños

trabajen porque son mano de obra barata; porque no tienen que pagarles mucho

dinero. ¿Hace esto su fábrica?

SR. PARRAS: ¡En absoluto! (*Absolutely not!*) (2)_____ que alguien le

haya dicho que aquí hay niños trabajando. Mire Ud. a los empleados.

(3)_____ que todos son mayores de dieciocho años. En

mi opinión, (4)_____ que los niños estudien y que no

trabajen hasta terminar sus estudios. Por eso, estoy completamente en contra de la

práctica del trabajo infantil. ¡(5)_____ que todavía haya

propietarios de fábricas que quieran ahorrar dinero empleando a menores de edad!

REPORTERA: Gracias, Sr. Parras. (6)_____ que haya personas

responsables como Ud. que apoyan los derechos de los niños.

3-6 Una carta al jefe de gobierno. Inés, una estudiante comprometida socialmente, escribió una carta al presidente del gobierno para pedirle la liberación de unos presos de conciencia. Completa su carta con el presente de indicativo o de subjuntivo de los verbos apropiados.

actuar	ejercer	oponerse	poner	sufrir
castigar	liberar	participar	ser	tener

Estimado Señor Presidente:

Le escribo para solicitarle la liberación incondicional de los ocho ciudadanos que fueron detenidos la semana pasada durante la manifestación estudiantil. Es preciso que Ud. los (1)_____ porque es obvio que (2)_____ inocentes. Es evidente que ellos sólo (3)_____ su derecho a la libertad de expresión. Es una lástima que estas personas (4)_____ por sus opiniones políticas. Es verdad que los estudiantes (5)_____ a los abusos del gobierno, y es cierto que (6)_____ a menudo en manifestaciones para denunciar las ejecuciones extrajudiciales que se han llevado a cabo en este país. Sin embargo, es bueno que estos manifestantes siempre lo (7)_____ de manera pacífica. Como Ud. sabe, la Declaración Universal de los Derechos Humanos hace constar que todo ser humano (8)_____ derecho a expresar su opinión con tal de que no recurra a la violencia. Por esta razón, es importante que el gobierno no (9)_____ a los estudiantes. Es urgente que Ud. (10)_____ en libertad inmediatamente a los jóvenes que fueron arrestados la semana pasada.

Muy atentamente,

Inés Castañeda

¡Así lo hacemos! ESTRUCTURAS

2. Direct and indirect object pronouns and the personal *a*

3-9 Los niños de Indonesia. A Inés le ha impactado mucho lo ocurrido en el sudeste asiático tras el maremoto y decide informarse mejor acerca de cómo está la situación de los niños indonesios. Completa los espacios en blanco y decide si necesitan la *a personal* (*a*) o *nada* (*X*).

Aceh, Indonesia, es una de las provincias más afectadas por el tsunami. Varias organizaciones no gubernamentales (ONGs) han unido sus fuerzas y han creado

(1)_____ (a / X) centros de cuidado infantil para ayudar

(2)_____ (a / X) los menores a superar

(3)_____ (a / X) las consecuencias físicas, psicológicas y emocionales producidas por la tragedia. Estos niños están atravesando (*going through*)

(4)_____ (a / X) un período de alta vulnerabilidad, por lo que a las ONGs les preocupa el estado emocional de estos niños, además del físico.

También, a estas ONGs les inquieta especialmente el abuso sexual, las enfermedades contagiosas y el tráfico de menores. Por eso, están dirigiendo

(5)_____ (a / X) una parte importante de su ayuda humanitaria a abrir centros y crear programas para proteger (6)_____ (a / X) los niños afectados, especialmente la salud física y emocional de aquéllos que han perdido

(7)_____ (a / X) sus padres en el maremoto.

Lo primero que hay que hacer es ayudar (8)_____ (a / X) las víctimas a retomar el control de sus vidas. Por eso es importante que las escuelas vuelvan a ser reconstruidas cuanto antes para que los niños retomen (9)_____ (a / X) su rutina y cotidianeidad anteriores.

El apoyo de todos permite que las ONGs puedan prestar ayuda en estas situaciones rápida y eficazmente. Ahora tenemos la oportunidad de respaldar (*support*)

(10)_____ (a / X) los actuales programas de ayuda en emergencias creados por estas organizaciones colaboradoras.

3-10 Condiciones injustas de trabajo. Completa la carta que Fernando, el novio de Inés, escribe a la presidenta de su compañía sobre algunas prácticas injustas. Usa los pronombres de objeto directo e indirecto y la a personal cuando sea necesario.

Estimada señora:

(1)_____ escribo esta carta para (2) informar

_____ sobre unas prácticas injustas que he descubierto en nuestra

oficina. Hay un supervisor que no respeta (3)_____ todos los

empleados por igual. Por ejemplo, hace una semana el supervisor promovió

(4)_____ uno de nuestros ejecutivos, pero no

(5)_____ dio la promoción al candidato con las mejores calificaciones

sino que (6)_____ (7)_____ dio a un

primo suyo. Además, el mes pasado algunos empleados recibieron un aumento de sueldo pero otros

no (8)_____ obtuvieron. Parece que el supervisor sólo

(9)_____ dio un aumento a los empleados que son sus amigos. Creo

que el favoritismo es injusto y espero que Ud. haga lo posible para (10) erradicar

_____ de nuestra compañía. Es importante que Ud. hable con el

supervisor sobre estas prácticas para que él (11)_____ cambie

inmediatamente.

Atentamente,

Fernando Casares

3-11 Un multimillonario/a. Alicia y Fernando conocen a un señor que es multimillonario. Imagina que tú eres ese multimillonario/a y que el coordinador de un orfanato (*orphanage*) te pide ayuda económica. Contesta las preguntas de forma afirmativa con oraciones completas. Utiliza los pronombres de objeto directo e indirecto.

MODELO: ¿Es cierto que Ud. les donará comida y medicinas a los niños?
    Sí, es cierto que *se las* donaré.

1. ¿Nos dará Ud. los fondos necesarios para construir un nuevo orfanato?

   _____

2. ¿Nos conseguirá muebles usados para el orfanato?

   _____

3. ¿Les comprará ropa a los huérfanos?

   _____

4. ¿Les regalará juguetes a los chicos?

   _____

5. ¿Le pagará Ud. las medicinas al niño que está en el hospital?

   _____

6. ¿Me hará un cheque ahora?

   _____

3-12 Un/a activista incansable. Fernando, en su tiempo libre, trabaja como activista para liberar a los presos de conciencia. Responde las preguntas del reportero utilizando pronombres de objeto directo e indirecto.

MODELO: ¿Quiénes van a darle publicidad a su causa?
    Varias agencias *van a dármela* gratuitamente.

1. ¿Cuántos abogados están donando su tiempo y servicio a la organización?

   _____

2. ¿Quiénes le proveen los fondos necesarios para hacer su trabajo?

   _____

3. ¿Qué cadenas de televisión van a ofrecerle a Ud. la oportunidad de hablarle al público sobre el problema?

_____

4. ¿Quiénes están enviándoles cartas a las autoridades?

_____

5. ¿Qué organización va a darle a Ud. el Premio Libertad por su labor?

_____

6. ¿Qué compañías se comprometen a darles trabajo a los presos liberados?

_____

3. *Gustar* and similar verbs

3-13 Un discurso interesante. Imagina que estás en una convención sobre los derechos humanos. Completa el discurso en el que un político habla de un Tribunal Penal Internacional. Usa la forma correcta de los verbos entre paréntesis y los pronombres de objeto indirecto apropiados.

¡Ciudadanos! A mí (1)_____ (parecer) que hay un número

inaceptable de criminales de guerra que han permanecido impunes.

(2)_____ (sorprender) que estos criminales no hayan sido llevados a

la justicia. El problema es que a nosotros, los ciudadanos del mundo,

(3)_____ (hacer falta) un riguroso sistema de justicia internacional

que pueda juzgar los crímenes de estas personas. Dada esta carencia, a mí

_____ (importar) mucho la creación de un Tribunal Penal

Internacional. A muchos de los miembros de la ONU también

_____ (gustar) la idea. No obstante, hay oposición por parte de

países a los que (6)_____ (molestar) esta propuesta. A las

a favor del establecimiento de un Tribunal Penal Internacional

_____ (quedar) mucho por hacer para persuadir a los gobiernos de

esta a Uds. (8)_____ (interesar) este tema, les ruego que

firmen ción que voy a presentar ante la Asamblea General. Gracias por su atención.

3-14 Una petición. Adela, una chica que conociste en la convención de Derechos Humanos, le escribe al gobernador sobre la sentencia de un preso. Completa la carta de Adela. En cada caso usa la forma correcta del verbo más lógico y el pronombre de objeto indirecto apropiado.

Estimado gobernador:

Le escribo la presente para pedirle que no deje que se cumpla la sentencia del preso que está condenado a ser ejecutado esta semana. A mí (1)_____ (molestar / gustar / importar) que nuestro sistema judicial quiera quitarle su derecho fundamental, el derecho a vivir. A todos nosotros (2)_____ (faltar / parecer / interesar) horribles los crímenes que cometió este hombre, pero en mi opinión basta con que pase los años de vida que (3)_____ (quedar / interesar / gustar) en la cárcel. Pienso que este castigo es suficiente, y por eso a mí no (4)_____ (caer bien / molestar / gustar) que los criminales sufran un castigo tan cruel como la pena de muerte. Yo no soy la única persona que piensa de esta manera: he hablado con varios amigos a quienes (5)_____ (fascinar / interesar / caer mal) los derechos humanos, y Ud. va a recibir cartas de protesta de ellos también. Es evidente que a Ud. (6)_____ (molestar / sorprender / importar) los votos de los ciudadanos, y para asegurárselos es imprescindible que respete su opinión.

Respetuosamente,

Adela Sanz

3-15 Una manifestación estudiantil. Adela y tú intercambian opiniones acerca de la situación actual de los estudiantes universitarios. Escribe oraciones completas para expresar las protestas de los estudiantes.

MODELO: A mí / interesar / tema / de / derechos / de / estudiantes
A mí me interesa el tema de los derechos de los estudiantes.

1. A nosotros / caer mal / profesores / injusto

   _____

2. A los estudiantes / molestar / trato / desigual

   _____

3. A la universidad / faltar / código de justicia

   _____

4. A los administradores / no / importar / derechos / de / estudiantes

   _____

5. ¿A ti / parecer / bien / injusticia / contra / minorías / de / universidad?

   _____

6. A la Federación de estudiantes / quedar / mucho por hacer

   _____

CONEXIONES
Páginas

3-16 Antes de leer. Estudia el siguiente vocabulario que encontrarás en la lectura. Luego completa las actividades de la Parte 1 y la Parte 2.

Vocabulario clave

compromiso	*commitment*	más bien	*(but) rather*
conjunto	*group, set*	pone de relieve	*to make apparent, visible, clear*
conquistar	*to conquer*	prejuicios	*prejudices*
cuestiones	*issues*	presuntos	*presumed*
cumplir	*to fulfill*	principios	*principles*
degradantes	*degrading*	protegidos	*protected*
denuncia	*denounces*	resaltan	*stand out*
ejército	*armed forces*	respeto	*respect*
formas	*ways*	restar	*to subtract; to take away*
igualdad	*equality*	según el cual	*according to which*

Parte 1. Completa las oraciones con las palabras adecuadas del vocabulario clave.

1. El _____ a los derechos de los demás es fundamental para disfrutar de una sociedad libre y pacífica.

2. Los _____ homicidas están detenidos mientras llega el día del juicio.

3. El artículo, _____ se sabe que el candidato es un político corrupto, fue escrito por el famoso periodista Freddy Vélez.

4. Los niños en este país están _____ por varias leyes que prohiben trabajar a los menores.

5. Un _____ de voluntarios va a viajar a la zona del desastre para distribuir agua y comida entre los damnificados.

6. La fuerza aérea y la fuerza naval son parte del _____ de los EEUU.

7. Hay muchas _____ de interrogar a un sospechoso, pero la tortura no debe ser una de ellas.

8. Los políticos casi nunca _____ sus promesas.

9. Es increíble que haya gobiernos que utilicen técnicas _____ para ridiculizar a sus prisioneros de guerra.

10. Las últimas averiguaciones (*findings*) _____ la culpabilidad del sospechoso.

Parte 2. Completa la oración con la opción más apropiada.

1. La embajadora no podrá asistir a la reunión por _____ personales y de salud.
   a. cuestiones   b. principios   c. presuntos

2. El Diputado es un hombre íntegro; él nunca traicionaría (*would betray*) sus

   _____.
   a. protegidos   b. prejuicios   c. principios

3. Hay países que _____ importancia a los abusos sexuales cometidos contra las mujeres.
   a. resaltan   b. restan   c. cumplen

4. Amnistía Internacional _____ a los gobiernos que violan los derechos humanos.
   a. conquista   b. denuncia   c. respeta

5. No sólo queremos disminuir los incidentes de violencia; _____ queremos eliminarla totalmente.
   a. más bien   b. según el cual   c. pero

6. La ignorancia es la base de los _____ contra las minorías.
   a. protegidos   b. respetos   c. prejuicios

7. La situación actual _____ las injusticias que ha cometido el gobierno durante años.
   a. resta   b. pone de relieve   c. cumple

8. Las mujeres y los hombres deben ser tratados con _____ bajo la ley.
   a. prejuicios   b. formas   c. igualdad

3-17 A leer

Los derechos de la mujer al comienzo del nuevo milenio

«Todos los seres humanos nacen libres e iguales en dignidad y derechos»
Declaración Universal de Derechos Humanos

« . . .la discriminación contra la mujer viola los principios de la igualdad de derechos y el respeto de la dignidad humana»
Convención sobre la Eliminación de Todas las Formas de Discriminación contra la Mujer (CEDAW)

Los derechos humanos de las mujeres están protegidos ahora por un extenso conjunto de leyes internacionales. Los gobiernos a menudo violan las leyes internacionales, sacrificando los derechos de sus ciudadanos en favor de la conveniencia política y el interés propio. Esto no le resta importancia a estas leyes. Más bien pone de relieve la necesidad de que todos los ciudadanos conozcan sus derechos y sepan cómo pueden hacer a los gobiernos cumplir sus compromisos.

Informar a las mujeres de sus derechos y usar los mecanismos de las leyes internacionales son algunas de las formas de trabajar para construir una sociedad más justa y humana. Las personas que conocen sus derechos tienen muchas más posibilidades de conquistarlos y defenderlos.

Muchos instrumentos de derechos humanos protegen específicamente los derechos de las mujeres.

Tanto los pactos internacionales de derechos humanos —uno sobre derechos civiles y políticos, los otros sobre derechos económicos, sociales y culturales— resaltan el importante principio según el cual los gobiernos deben garantizar que las mujeres y los hombres tengan igual acceso a todos estos derechos.

Los derechos incluyen: igual tratamiento ante la ley; no ser detenida arbitrariamente ni torturada; derecho a igual trabajo e igual salario; protección especial para las madres; un adecuado nivel de vida, de educación y de atención a la salud.

Cuando un miembro de la policía o del ejército viola a una mujer, está imponiendo torturas. Todas las formas de tortura y malos tratos están proscritos por la *Convención contra la Tortura y Otros Tratos o Penas Crueles, Inhumanos o Degradantes*. Los gobiernos deben investigar las denuncias de torturas y procesar (o extraditar para que sean juzgados) a los presuntos responsables.

Las discriminación contra las mujeres está prohibida por un tratado especial —la *Convención sobre la Eliminación de Todas las Formas de Discriminación contra la Mujer*— que obliga a los gobiernos a eliminar los tratos injustos y basados en prejuicios contra las mujeres en la vida política y pública, en cuestiones de nacionalidad, educación, atención a la salud, empleo, matrimonio y relaciones familiares.

3-18 Después de leer. Vuelve a leer el artículo y responde las siguientes preguntas.

1. ¿Qué o quién protege los derechos de la mujer a nivel mundial?

   _____

2. ¿Qué derechos deben tener las mujeres?

   _____

   _____

3. ¿Qué violaciones específicas de los derechos humanos de las mujeres hay que eliminar del mundo?

_____

_____

4. ¿Qué quiere decir «CEDAW»?

_____

5. ¿Qué otra convención protege los derechos de las mujeres?

_____

6. ¿Piensas que las leyes internacionales han sido efectivas para disminuir las violaciones contra los derechos de la mujer? ¿Por qué?

_____

_____

_____

7. Según tu propia opinión, ¿qué otros derechos deben tener todas las mujeres del mundo?

_____

_____

8. ¿Qué significa para ti el concepto «feminismo»? En tu opinión, ¿el feminismo de hoy ayuda o perjudica la lucha por los derechos humanos de la mujer? ¿Por qué?

_____

_____

_____

_____

TALLER

3-19 Antes de escribir. Piensa en un caso actual de violación de los derechos humanos que te interese. Apunta la información más importante sobre el caso: el lugar, los agresores, las víctimas, el derecho que les está restringido, las causas de la injusticia y las consecuencias.

3-20 A escribir. Escribe ocho o diez oraciones que expresen tu reacción a estos hechos. Usa expresiones impersonales y verbos como *gustar*.

3-21 Después de escribir. Escríbele una carta de protesta al jefe de gobierno del país donde el caso ha ocurrido. Incluye información sobre los hechos con expresiones impersonales de certidumbre (es verdad, es cierto, etcétera). Usa otras expresiones impersonales (es malo, es horrible, etcétera) y verbos como *gustar* para explicar por qué la situación debe solucionarse.

Lab Manual
Los derechos humanos

PRIMERA PARTE
¡Así lo decimos! VOCABULARIO

3-22 ¿Qué significa esta palabra? A continuación escucharás definiciones que corresponden a las siguientes palabras de la sección *¡Así lo decimos!* Lee la lista de palabras y después de escuchar las definiciones, decide qué palabra corresponde a cada definición.

a. asaltar   c. el asilo   e. asesinar
b. la cárcel   d. la esclavitud

1. _____
2. _____
3. _____
4. _____
5. _____

3-23 El caso de Rosita. La violación infantil es un problema que aumenta cada día. A continuación escucharás una narración sobre un caso de violación muy controvertido que ocurrió recientemente. Primero lee las siguientes oraciones. Después escucha la grabación y completa las oraciones con una de las palabras de la sección *¡Así lo decimos!*

Rosita tiene 11 años. Se teme por el (1)_____ de ella porque fue

(2)_____. Un grupo feminista (3)_____

que si Rosita tiene un bebé, ella sufrirá daños irreversibles en su cuerpo que afectarán su salud. Este

grupo (4)_____ que Rosita tenga un aborto terapéutico. Las

autoridades (5)_____ al violador aunque él

(6)_____. Es posible que él nunca pague por el

(7)_____ y que este caso nunca llegue a

(8)_____.

¡Así lo hacemos! ESTRUCTURAS

1. The subjunctive with impersonal expressions

3-24 ¿Cuál es tu opinión? Estás escuchando en la radio un avance de las noticias más destacadas. Escucha la grabación cuantas veces sea necesario y después escribe tu reacción a cada noticia. Usa una de las siguientes expresiones impersonales para dar tu opinión.

es bueno	es horrible	es indispensable	es preciso
es difícil	es importante	es lógico	es una lástima
es dudoso	es increíble	es malo	es urgente
es extraño			

MODELO: **Tú escuchas:** No van a encarcelar al asesino.
Tú escribes: Es imposible que él sea inocente.

1. _____

2. _____

3. _____

4. _____

5. _____

3-25 Violencia en el hogar. María fue a una conferencia para saber más sobre la violencia doméstica. Escucha la grabación tantas veces como sea necesario y luego completa las oraciones según el modelo. Debes usar el mismo verbo que usa María.

MODELO: **Tú escuchas:** En la conferencia aprendí que los niños también sufren mucho a causa de la violencia doméstica.
Tú escribes: Es una lástima que los niños sufran.

1. Es horrible que estos hombres no _____ a la cárcel.

2. Es necesario que las mujeres _____ los abusos.

3. Es cierto que _____ asociaciones para ayudar a las víctimas. Lo mejor de todo es que los servicios que dan estas asociaciones son gratuitos.

4. Es bueno que estas asociaciones les _____ apoyo económico a las mujeres maltratadas.

3-26 Cómo mejorar el mundo. María y un compañero hablan con su profesor acerca de sus ideas para cambiar el mundo. En la siguiente grabación escucharás una discusión entre ellos y su profesor. Tú eres el profesor y contestarás a los comentarios de tus alumnos. Al final de cada frase que el profesor dice, escucharás una pausa. Escribe tu respuesta conjugando el verbo que escuches en el subjuntivo o en el indicativo.

1. Sí, estoy de acuerdo. Es necesario que todos nosotros _____ un buen líder.

2. Bueno, Roberto, esto es un asunto delicado, porque al ser un procedimiento democrático, el resultado va a ser el reflejo de la mayoría, pero es muy posible que no todos

   _____ de acuerdo.

3. Esto también es responsabilidad de todos. Es preciso que todos nosotros

   _____ con la represión.

4. Es difícil pero no es imposible que nosotros _____ paz en el mundo.

5. No hay que alarmarse tanto, pero estoy de acuerdo, es urgente que todos nosotros

   _____ algo pronto.

3-27 Cómo terminar con el abuso. En los periódicos y en la televisión continuamente escuchamos noticias sobre violaciones de los derechos humanos. ¿Piensas que hay alguna forma de terminar con los abusos? A continuación escucharás cinco expresiones impersonales. Escucha la grabación cuantas veces sea necesario y luego, usando una de las expresiones impersonales que escuches, da tu recomendación. ¡Ojo! Algunas frases requieren el uso del subjuntivo y otras del indicativo.

MODELO: **Tú escuchas:** Es necesario
              Tú lees: vigilemos más a la policía.
              Tú escribes: Es necesario que vigilemos más a la policía.

1. _____ acabemos con los gobiernos corruptos.

2. _____ a mucha gente no le importa el sufrimiento de otros.

3. _____ los abusos terminen algún día.

4. _____ no todos apoyemos los programas en favor de los derechos humanos.

5. _____ a mucha gente le preocupa lo que pasa en el mundo.

SEGUNDA PARTE
¡Así lo decimos! VOCABULARIO

3-28 La visita al orfanato. Tienes que hacer un informe sobre la visita de un personaje importante a un orfanato. Escucha la siguiente narración. Primero lee las oraciones y después de escuchar la grabación, rellena los espacios con la palabra correcta de la sección *¡Así lo decimos!*

1. La persona que visitó el orfanato fue _____.

2. Para llegar al orfanato usó _____ del Presidente.

3. El orfanato está en _____ de la ciudad.

4. El pueblo donde está el orfanato es muy _____.

5. Esta persona fue al orfanato para inaugurar _____.

6. Los jóvenes le dieron un _____.

3-29 ¿Sabes cuál es la palabra? Primero lee las siguientes oraciones y luego escucha la grabación cuantas veces sea necesario. Al final de cada oración escucharás una pausa. Durante esta pausa determina qué palabra de la sección *¡Así lo decimos!* debes usar para completar cada oración.

1. Las condiciones del tiempo no eran buenas para circular/conducir por

    _____.

2. _____ en la cara de la primera dama eran de felicidad.

3. Ella le dio un mensaje de _____ a la gente.

4. La gente le agradece _____ a la primera dama.

5. La primera dama quiere un lindo _____ para las casas.

¡Así lo hacemos! ESTRUCTURAS

2. Direct and indirect object pronouns and the personal *a*

3-30 Las últimas noticias. El equipo de Médicos sin Fronteras fue atacado mientras prestaban servicios médicos en Afganistán. Escucha la siguiente conversación sobre el tema entre Victoria, una chica que trabaja para el periódico, y Alejandro. Alejandro necesita que Victoria le repita las cosas. Para evitar redundancia, Victoria usa el objeto directo para responderle. Cuando escuches la pausa, rellena el espacio con el objeto directo correspondiente.

1. _____ cerrarán esta semana.

2. _____ cerrarán porque cinco médicos fueron asesinados.

3. _____ han dado por más de 30 años.

4. No todavía no _____ han arrestado.

5. He dicho que espero que encuentren pronto a los culpables y que

    _____ lleven a la cárcel.

3-31 No lo puedo creer. Roberto acaba de oír la noticia sobre lo que ocurrió con Médicos sin Fronteras en Afganistán. Él no lo puede creer y para confirmar la noticia, él llama a su amiga Victoria. Tú eres Victoria. Cuando escuches la pausa, después de cada pregunta, contéstala usando el objeto directo, indirecto o la *a* personal.

1. Sí, es verdad que _____ asesinaron.

2. Sí, desafortunadamente ya no _____ dará servicios médicos.

3. Persiguen _____ unos comandantes locales, miembros de un grupo terrorista.

4. No sé si el gobierno quiere arrestar _____ .

5. Sí, _____ conté la noticia anoche.

3. *Gustar* and similar verbs

3-32 Los gustos de Roberto. Roberto habla de sus gustos y preferencias en cuanto a la acción humanitaria. En la siguiente grabación escucharás una serie de oraciones. Cada oración corresponde a uno de los verbos indicados. Escucha la grabación cuantas veces sea necesario y luego escoge el verbo que más sentido tenga para completar la oración. Usa un verbo diferente cada vez.

> me caen mal   me impresionó   me molesta
> me gusta   me interesa

MODELO: **Tú escuchas:** Mi organización caritativa favorita es la Cruz Roja.
    Tú escribes: Me encanta.

1. _____

2. _____

3. _____

4. _____

5. _____

3-33 Una entrevista. Imagínate que eres Elba Díaz, una chica que acaba de regresar de un viaje humanitario a Ecuador. Tú has sido invitada a un programa de radio para hablar sobre tu reciente viaje. En la entrevista el presentador del programa te hará una serie de preguntas. Al final de cada pregunta escucharás una pausa. Durante esta pausa tú tienes que escribir la respuesta usando uno de los dos verbos entre paréntesis. Recuerda: Debes conjugar el verbo.

1. _____ (gustar / hacer falta) ayudar a la gente porque creo que es mi deber ayudar a quien necesita ayuda.

2. _____ (impresionar/interesar) los niños. Todos eran muy lindos y dulces.

3. _____ (quedar / parecer) cruciales para todos.

4. No sé, es que eso es bastante político y a mí no _____ (caer bien / interesar) la política.

5. Me encantaría pero todavía _____ (quedar / hacer falta) muchos proyectos por terminar.

3-34 Preguntas sobre Elba. Roberto escuchó la entrevista de radio de Elba pero tuvo problemas para entender algunas cosas porque su radio tenía muchas interferencias. Para confirmar lo que escuchó, él llama a su amiga Victoria. Tú eres Victoria. Cuando escuches la pausa después de cada pregunta, contéstala usando el mismo verbo que Roberto usa en la pregunta.

MODELO: **Tú escuchas:** ¿Es verdad que a ella le interesa ayudar a los niños?
          Tú ecribes: Sí, a ella le interesa ayudar a los niños.

1. _____ la política.

2. _____ muchos proyectos por terminar.

3. _____ el viaje a Ecuador.

4. _____ los niños.

5. _____ muy bien.

3-35 Más gustos. Ahora le toca a Virginia hablar de sus gustos y de los de sus amigos y familiares. A continuación escucharás una serie de verbos. Escucha la grabación cuantas veces sea necesario y luego escribe una oración, original y completa, usando el verbo que escuchaste. ¡Ojo! No te olvides de usar el pronombre de objeto indirecto y de conjugar el verbo.

MODELO: **Tú escuchas:** caer mal
          Tú lees: A él
          Tú escribes: A él le caen mal los políticos corruptos.

1. A nosotros _____.

2. A mis padres _____.

3. A mí _____.

4. A Enrique y a Isabel _____.

5. A ti _____.

6. A mi mejor amiga y a mí _____.

CONEXIONES

3-36 La Colcha del SIDA. Te interesa saber más sobre el tema del SIDA. A continuación escucharás información sobre la Colcha del SIDA o *AIDS Quilt*. Después de escuchar la grabación indica si las siguientes oraciones son ciertas o falsas.

1. _____ La Colcha del SIDA o *AIDS Quilt* llegó a San Francisco en el año 1987.

2. _____ La Colcha del SIDA tiene aproximadamente 43,000 paneles.

3. _____ La Colcha viaja sólo por los Estados Unidos.

4. _____ La Colcha del SIDA es un tributo a los médicos que tratan de encontrar una cura para el SIDA.

5. _____ Cada panel representa la memoria de una hermana, madre, hija, tía, o un hermano, padre, hijo o tío de alguien.

Workbook
El individuo y la personalidad

PRIMERA PARTE
¡Así lo decimos! VOCABULARIO

4-1 ¡Una superpersonalidad! Carlos tiene que escribir una composición sobre alguien a quien admira para su clase de psicología. Completa el párrafo sobre los atributos de esta persona con las siguientes palabras de *¡Así lo decimos!*

apoyan	bufete	honrada	meta	soporta
bondadoso	desenvuelto	lucha	miente	tranquilo

La persona que he elegido para esta composición es mi hermano mayor. Él representa todo lo que yo admiro en una persona. Él es muy (1)_____ con todo el mundo, por eso todos lo quieren mucho. Es muy (2)_____ y (3)_____. Mi hermano nunca (4)_____, siempre dice la verdad. Él (5)_____ constantemente por hacer que el mundo sea un lugar mejor para todos, sobre todo para los más desfavorecidos. Trabaja en un (6)_____ sin fin lucrativo. Es una persona muy (7)_____ y no (8)_____ que nadie se aproveche de los más débiles. Su (9)_____ es muy noble y por eso, muchas organizaciones lo (10)_____ en su esfuerzo contra la injusticia.

4-2 Una conversación con el consejero. Carlos está pidiéndole consejo sobre su carrera universitaria a su consejero. Completa el diálogo con las siguientes palabras de *¡Así lo decimos!*

acostumbrarte	meta	tranquilo
apoyar	relajarte	trastorno
autoestima	tranquilizar	vergüenza
confianza		

CARLOS: Dr. Enríquez, necesito su consejo sobre mi progreso académico. Mi

(1)_____ es obtener buenas notas en todas mis clases.

Normalmente salgo bien en los exámenes escritos porque estudio mucho, pero

siempre saco notas mediocres en las presentaciones orales porque me pongo muy

nervioso. Es que siento mucha (2)_____ cuando

tengo que hablar delante de la clase. Mi (3)_____

es muy baja y temo que mis compañeros se rían de mí. ¿Puede Ud. darme

sugerencias para (4)_____ los nervios?

DR. ENRÍQUEZ: La timidez puede ser un (5)_____ muy serio, pero hay

medidas que puedes tomar para cambiar tu actitud en cuanto a las presentaciones

orales. Por ejemplo, debes ensayar con un grupo de amigos para

(6)_____ a la idea de hablar en público. Estoy seguro

de que tus amigos te van a (7)_____ y te van a dar

sugerencias constructivas para mejorar la presentación. Te sentirás más

(8)_____ durante la presentación en clase si tienes esa

experiencia. Además, puedes hacer ejercicios de respiración para

(9)_____ unos minutos antes de la presentación. Esto

reduce la tensión en el cuerpo, facilita la oratoria y te hará subir la

(10)_____ en ti mismo.

CARLOS: Gracias, doctor. Voy a tomar estas medidas la próxima vez que haga una

presentación oral.

¡Así lo hacemos! ESTRUCTURAS

1. Reflexive constructions

4-3 ¿Eres egoísta? Toma el siguiente *test* de personalidad para saber si eres una persona egoísta. Completa la encuesta con los pronombres reflexivos apropiados. ¡Ojo! No se necesita un pronombre en todos los casos (contesta con X). Después, indica hasta qué punto te identificas con las siguientes situaciones.

¿Eres egoísta?

1 = Siempre me pasa 5 = Nunca me ha pasado

Puntos

_____ 1. Yo (1)_____ *me* _____ enfado cuando otra persona

(2)_____ ~ _____ es el centro de atención.

_____ 2. Mi compañero/a de cuarto y yo (3)_____ *nos* _____ peleamos porque

él/ella piensa que yo (4)_____ ~ _____ monopolizo el teléfono (el estéreo,

el televisor).

_____ 3. Mis amigos (5)_____ *se* _____ sienten desilusionados cuando yo

(6)_____ *me* _____ olvido de sus cumpleaños.

_____ 4. Después de cenar, yo (7)_____ *me* _____ relajo mientras otra persona

(8)_____ ~ _____ lava los platos.

_____ 5. Cuando mi mejor amigo/a (9)_____ *se* _____ enamora, yo

(10)_____ *me* _____ enojo porque pasa menos tiempo conmigo.

_____ 6. Cuando mi compañero/a de cuarto y yo (11)_____ *nos* _____ preparamos

por la mañana yo insisto en (12) duchar_____ *me* _____ primero.

_____ 7. Mis colegas (13)_____ *se* _____ ponen furiosos porque yo

(14)_____ ~ _____ quiero hacer los proyectos más fáciles

(interesantes, lucrativos).

_____ 8. Cuando (15)_____ *me* _____ enfermo quiero que mis amigos y familiares

me cuiden aunque (16)_____ ~ _____ tengan otras cosas que hacer.

_____ 9. Cuando estoy en una fiesta con mi novio/a, nos vamos a casa si yo

(17) _____ me _____ aburro, aunque él/ella

(18) _____ se _____ divierta en la fiesta.

_____ 10. Si no (19) _____ ~ _____ recibo los regalos que quiero para mi cumpleaños

(20) _____ me _____ comporto como un niño pequeño (una niña pequeña).

4-4 Unos niños rebeldes. Ayer Patricia cuidó a sus sobrinos todo el día. Ahora le está contando a su hermana Mercedes cómo le fue. Completa el diálogo con el pretérito o el imperfecto de los verbos entre paréntesis. ¡Ojo! Algunos casos requieren una construcción reflexiva y otros una construcción no reflexiva.

MERCEDES: Gracias por cuidarme a los niños ayer, Patricia. ¿Cómo (1) _se portaron_ (portar/se)?

PATRICIA: ¡Qué niños más rebeldes! Yo (2) _Me puse_ (poner/se) furiosa con ellos.

MERCEDES: Pero, ¿qué hicieron?

PATRICIA: Bueno, los problemas comenzaron por la mañana cuando ellos

(3) _se prepararon_ (preparar/se) para ir a la escuela. Yo

(4) _peiné peina_ (peinar/se) a Natalia, pero ella

(5) _se puso_ (poner/se) a llorar porque dijo que le hacía daño. Y

Nicolás no (6) _se cepilló_ (cepillar/se) los dientes por mucho que

insistí. Por la tarde, cuando los niños (7) _volvieron_ (volver/se) de la

escuela, fue peor. Nicolás (8) _se olvidó_ (olvidar/se) de traer sus libros

a casa, entonces (9) _miró_ (mirar/se) la televisión toda la tarde en

vez de hacer la tarea. Y Nuria y Natalia (10) _se pelearon_ (pelear/se)

porque las dos querían jugar con la misma muñeca. Al final yo

(11) _puse_ (poner/se) la muñeca en el armario, apagué la

televisión y (12) _preparé_ (preparar/se) la cena. Pero cuando

estábamos sentados a la mesa, los niños (13) _se portaban_ (portar/se) de

manera bastante grosera. Yo (14) _me cansé_ (cansar/se) de su actitud,

y acabé por mandarlos a sus cuartos.

MERCEDES: ¿Entonces pudiste (15) _relajarte_ (relajar/se) por fin?

PATRICIA: ¡No! Los niños no (16) _se durmieron_ (dormir/se), sino que pasaron toda

la noche hablando. ¡Son incansables!

4-5 El arreglo personal. Cuando Patricia no está en casa de su hermana cuidando a sus sobrinos, ella y sus compañeras de cuarto pasan mucho tiempo arreglándose para salir los fines de semana. Completa el párrafo sobre su rutina con los verbos reflexivos apropiados.

> divertirse   maquillarse   ponerse
> ducharse   peinarse   secarse
> enojarse   pintarse   vestirse
> lavarse

Mis compañeras y yo somos muy desenvueltas y (1)_____ mucho

cuando salimos con nuestros amigos los fines de semana. Todos los sábados empezamos a

prepararnos temprano porque tenemos una rutina de arreglo personal bastante compleja. Yo

(2)_____ la cara con agua tibia y un jabón suave y después

(3)_____ con colorete, lápiz labial y rímel (*mascara*). Luego

(4)_____ las uñas. Mi compañera Marimar tiene mucha ropa

preciosa y (5)_____ muy guapa cuando salimos. Ella

(6)_____ muy elegante los sábados; siempre lleva un vestido

y tacones altos. Mi compañera Raquel tiene el cabello muy largo. Después de

(7)_____, (ella) (8)_____ el pelo

con un secador y (9)_____ con un peine de plata. Es un proceso

muy largo. ¡Marimar y yo (10)_____ con ella porque pasa demasiado

tiempo en el cuarto de baño!

4-6 Un buen compañero. La doctora Gutiérrez es una psicóloga que se especializa en relaciones domésticas. Completa la lista de consejos que les dio a Patricia y a sus amigas para ser buenas compañeras de cuarto. Usa la forma recíproca de los verbos entre paréntesis. ¡Ojo! Algunos casos requieren subjuntivo, indicativo o infinitivo.

♦ Ante todo, es sumamente importante que los compañeros de cuarto

(1)_____ (respetarse). Es probable que dos personas

(2)_____ (entenderse) bien si cada una tiene en mente los

derechos de la otra. Pueden evitar situaciones problemáticas si

(3)_____ (preguntarse) qué tipo de comportamiento encuentran

inaceptable en vez de dar por sentado que tienen las mismas opiniones.

♦ Es posible que las personas que viven juntas en la residencia estudiantil no

(4)_____ (conocerse) bien. En este caso, es preferible que

(5)_____ (hablarse) con frecuencia con el fin de entender mejor

el carácter del otro. Aunque no tengan mucho en común, deben intentar establecer una

relación cordial porque tienen que (6)_____ (verse) todos

los días.

♦ Hay algunas cosas que nunca deben hacer. Es malo que los compañeros

(7)_____ (mentirse) porque es muy probable que el otro se

entere de la mentira, lo que puede crear tensión. Tampoco es bueno que

(8)_____ (engañarse), sobre todo cuando se trata de asuntos

económicos.

♦ Una buena comunicación entre compañeros es la clave para una relación pacífica. Pregúntale a

cualquier persona que tenga una buena relación con su compañero de cuarto y dirá,

«Nos llevamos bien porque (9)_____ (comunicarse)». Por el

contrario, una persona que nunca habla con su compañero de cuarto posiblemente dirá,

«¡Es urgente que mi compañero y yo (10)_____ (separarse)

porque (11)_____ (odiarse)!»

SEGUNDA PARTE

¡Así lo decimos! VOCABULARIO

4-7 La actitud de los estudiantes

Parte 1. Patricia está entrevistando a dos de sus compañeros sobre la psicología de los estudiantes universitarios. Relaciona las palabras de *¡Así lo decimos!* con las definiciones.

_____ 1. amor propio	a. comportamiento
_____ 2. apasionado	b. personas con valor; sin miedo
_____ 3. conducta	c. vencer, salir de una situación difícil
_____ 4. experimentar	d. entusiasta
_____ 5. influir	e. orgullo
_____ 6. superar	f. tener influencia sobre algo/alguien
_____ 7. valientes	g. probar y examinar algo

Parte 2. Ahora completa la entrevista con las palabras de la primera columna.

PATRICIA: ¿Creen Uds. que los estudiantes universitarios tienen complejos que les impiden alcanzar

sus metas?

CLARA: Sí. Un problema que tienen muchos jóvenes es su falta de

(1)_____. La (2)_____ de

algunos de mis compañeros demuestra que no se respetan a sí mismos. Podrían tener

mucho éxito en la vida, pero se sienten incapaces cuando se les presenta una dificultad y

no quieren tratar de (3)_____ la situación. Además, son

muy sumisos (*submissive*) y prefieren dejarse (4)_____ por

los demás en vez de valorar sus propias ideas y juicios. Creo que es porque todavía no se

han acostumbrado a la independencia que tienen como adultos.

TEO: No estoy de acuerdo con lo que dice Clara. Yo veo que mis compañeros buscan nuevas

oportunidades y retos porque son (5)_____ y no se sienten

inseguros ante lo desconocido. Si no tienen éxito al principio se esfuerzan aún más.

También pienso que les gusta (6)_____ y probar cosas

nuevas porque tienen un espíritu energético y (7)_____, lo

que es normal en los jóvenes.

4-8   Secretos para el éxito profesional. Luis, un especialista en relaciones laborales, está elaborando
una lista de claves para el éxito profesional. Completa la lista con las palabras de *¡Así lo decimos!*

a pesar de	conducta	razonar
apasionado	ingrato	sensible
apenas	placer	vanidoso
avergonzado		

1. Hay que tener un poco de paciencia con los empleados que

_____ están comenzando y no conocen completamente
cómo funciona la oficina.

2. En una oficina se necesita ser lo más exacto y preciso posible. A veces hay que poner las

emociones a un lado y hay que _____ cuidadosamente los
problemas para encontrar soluciones efectivas y prácticas.

3. Es necesario demostrar que el trabajo no es un sacrificio, sino un

   _____ porque los empleados entusiastas reciben más atención de sus supervisores que los desinteresados.

4. Si usted es el jefe, su _____ debe servir de modelo para los demás empleados de la empresa. Siempre debe ser honesto y actuar de una forma correcta y respetable.

5. _____ que a veces le parece que Ud. trabaja más que los demás y que tiene que quedarse horas extra, no es bueno que se queje (*complain*) todo el tiempo.

6. Es malo dar la impresión de ser _____. Es natural estar orgulloso de sus logros, pero una actitud humilde es mejor que la arrogancia.

7. A veces es bueno ser _____ en cuanto a los problemas personales de sus colegas para poder llevarse bien con ellos.

8. Es aconsejable mantenerse _____ con el trabajo para ser más feliz.

9. Si se siente _____ porque ha cometido un error, pida disculpas y trate de ser más cuidadoso para no equivocarse (*make a mistake*) de nuevo.

10. Nunca debe ser _____ con las personas que lo han ayudado en su trabajo. Siempre debe mostrarles su agradecimiento.

¡Así lo hacemos! ESTRUCTURAS

2. Agreement, form, and position of adjectives

4-9 **Las manías.** El doctor Montás ha hecho un estudio sobre los estudiantes universitarios y sus manías. Completa las oraciones con la forma apropiada de los adjetivos. Coloca el adjetivo delante o detrás del sustantivo según el significado y realiza los cambios necesarios para que concuerden en género y número.

1. Muchos estudiantes tienen la manía de comprar _____ ropa

   _____ cada semestre. (nuevo)

2. Algunos estudiantes tienen la costumbre de llevar siempre la

   _____ camisa _____

   cuando tienen un examen porque creen que les trae suerte. (mismo)

3. Casi todos tienen la costumbre de morderse las uñas cuando se encuentran en

   _____ situaciones _____

   tensas. (cierto)

4. Un alto porcentaje de los estudiantes insiste en llevar una _____

   mochila _____ llena de objetos poco útiles. (grande)

5. La vida estudiantil no es fácil. Muchas veces los _____

   estudiantes _____ no obtienen los resultados que esperaban y se

   frustran. (pobres)

6. Muchos estudiantes insisten en estudiar solos en vez de colaborar con otros

   estudiantes porque tienen su _____ estilo

   _____ de trabajo. (propio)

4-10 El desarrollo psicológico. La Sra. Antigua es maestra de la escuela primaria y está evaluando el desarrollo psicológico de sus alumnos. En cada caso completa su evaluación con la forma correcta de un adjetivo lógico.

cariñoso	inseguro	terco
cobarde	malhumorado	valiente
inquieto	obediente	

Los alumnos son muy jóvenes, pero ya han desarrollado algunas características muy fuertes. Rosita es la más (1)_____ del grupo; no puede quedarse sentada por más de unos minutos. Eva y Dania son dos chicas un poco (2)_____ porque cuando quieren algo nadie puede hacer que cambien de opinión y no les gusta cooperar con los otros niños. En cambio, Luisito sigue todas mis órdenes y las de los otros niños porque es (3)_____. Toñito y Jorge le tienen miedo a todo; son bastante (4)_____, pero Lourdes y Manolo son (5)_____ y no les importa intentar cosas nuevas. A Sarita le gusta cuidar de los demás y mostrarles afecto porque es una niña (6)_____. Me da lástima decirlo, pero Pepe me preocupa porque a este chico tan (7)_____ no lo he visto sonreír en todo el año. Fátima y Pili son un poco (8)_____, pero parece que poco a poco van adquiriendo más confianza en sí mismas.

4-11 Una influencia positiva. Álvaro, un compañero de clase, escribió una composición sobre una persona que le influyó mucho. Completa la composición con la forma correcta de los adjetivos.

apasionado	cien	santo	tercero
bueno	grande	sensible	viejo
caritativo	puro		

La persona que tuvo la mayor influencia en mi desarrollo personal fue Don Marcos Godoy, mi (1)_____ profesor de (2)_____ grado. El señor Godoy era un (3)_____ profesor porque respetaba a sus alumnos, aunque teníamos tan sólo 8 años. Era un hombre (4)_____ que siempre pensaba en los sentimientos de los niños antes de actuar. Tenía un (5)_____ entendimiento de la psicología infantil. El señor Godoy también era una persona (6)_____ en cuanto a su carrera. Era obvio

que se emocionaba cuando enseñaba. Además, el señor Godoy era un hombre

(7)_____. Es increíble, pero él no aceptaba dinero por su trabajo en la

escuela. Decía que no enseñaba para ganarse la vida sino por

(8)_____ placer. ¡No es sorprendente que los ciudadanos de la

comunidad lo llamaran (9)_____ Marcos! ¡Ojalá que hubiera

(10)_____ de profesores como él!

3. The past participle and the present perfect tense

4-12 El progreso personal. Luz María está haciendo recuento (*taking stock*) de lo que ha hecho este año para ser mejor. Escribe oraciones completas para expresarlo usando el presente perfecto. No te olvides de hacer los cambios necesarios.

1. Este / año / (yo) ir / gimnasio / todo / día

   _____

2. (Yo) escribirles / cartas / todo / mi / amigos

   _____

3. Mi / amiga / y / yo / participar / organización / caritativo

   _____

4. Mi / novio / y / yo / asistir / clases / yoga

   _____

5. (Yo) trabajar / como / voluntaria / hospital

   _____

6. Mi / familia / hacer / reuniones / todo / semanas

   _____

7. (Yo) ver / mucho / programas / televisión / educativo

   _____

8. (Yo) leer / vario / obras / literario

   _____

4-13 Un grupo de apoyo. Javier, el hermano de Luz María, participa en un programa de apoyo para personas que quieren dejar sus malos hábitos. Completa el diario en el que se refleja el progreso que han hecho con los verbos apropiados en el presente perfecto.

acostumbrarse	decir	padecer	ser
alcanzar	dejar	pasar	superar
apoyar	descubrir	reducir	tener
cambiar	ir		

Mis compañeros de terapia de grupo y yo (1)_____ muchas metas

importantes este mes con la ayuda del grupo. ¡Yo casi (2)_____ de

fumar! Cuando empecé a asistir a las reuniones fumaba dos paquetes de cigarrillos al día,

y ahora (3)_____ tres meses sin fumar un solo cigarrillo. Es

cierto que (4)_____ momentos difíciles pero

(5)_____ la tentación. Otro hombre de nuestro grupo,

Samuel, (6)_____ muchos problemas de salud porque tiene el

colesterol alto, pero ahora ya (7)_____ su dieta. Dice que

(8)_____ a comer más frutas y verduras y

(9)_____ que estos alimentos le gustan más que las comidas

grasosas. Dorotea y Gil son los miembros del grupo que (10)_____

que tienen una adicción a la red informática. Con el apoyo de nuestro grupo

(11)_____ el uso de el Internet a una hora diaria. El proceso de

controlar los hábitos (12)_____ muy arduo, pero mis compañeros y

yo nos (13)_____ durante estos difíciles momentos. Lo importante es

ser constante. Yo (14)_____ a todas las reuniones.

4-14 Una compañera vanidosa. Luz María tiene una compañera de cuarto muy vanidosa. Completa la descripción con la forma correcta de los verbos. Cambia el infinitivo de los verbos al participio para formar adjetivos.

> cubrir   peinar   romper
> maquillar   pintar   teñir
> obsesionar   reflejar   vestir

Es importante tener una imagen positiva de sí mismo, pero mi compañera de cuarto está

(1)_____ con su aspecto físico. Por ejemplo, no puede pasar enfrente

de un espejo sin parar para verse (2)_____ en él. Nunca sale de la

casa sin tener la cara (3)_____, los labios

(4)_____ y el cabello perfectamente

(5)_____. Todos los meses va a la peluquería y cada vez sale con el

cabello (6)_____ de un color diferente. Hace unos días vio que tenía

una uña (7)_____ y se puso a llorar. Además, siempre va

(8)_____ a la última moda. Tiene que usar tarjetas de crédito cuando va

de compras porque antes de fin de mes ya tiene todo el dinero (9)_____.

Su escritorio está (10)_____ de revistas de moda: Es lo único que lee.

¡Qué exagerada!

Páginas

4-15 Antes de leer. Estudia el siguiente vocabulario que encontrarás en la lectura. Luego completa las oraciones de la actividad con la opción apropiada.

Vocabulario clave

antepasados	*ancestors*	por gusto	*in vain*
cazar	*to hunt*	provechoso	*beneficial*
de antemano	*beforehand*	razonamiento	*reasoning*
enfrascarse	*to become absorbed*	sacar	*to remove*
inquietantes	*distressing*	suceder	*to happen*
pensamientos	*thoughts*	surgir	*to arise*

---

1. _____ en los problemas no es la solución, sino actuar inmediatamente para resolverlos.
   a. Enfrascarse   b. Relajarse   c. Razonar

2. Debemos emplear la mayor parte de nuestro tiempo de una forma
   _____ para sentirnos satisfechos con nosotros mismos.
   a. ruda   b. desenvuelta   c. provechosa

3. En la vida _____ cosas buenas y malas. Tenemos que saber valorar lo positivo y lidiar (*deal*) con lo negativo.
   a. se emocionan   b. suceden   c. engañan

4. Nuestros _____ también sufrían de depresión y otros trastornos mentales pero no contaban con los avances médicos de hoy.
   a. pensamientos   b. antepasados   c. valores morales

5. Siempre debemos dejar algunas cosas preparadas _____ para no tener que preocuparnos después.
   a. a pesar de   b. apenas   c. de antemano

6. Es mejor _____ los pensamientos negativos de nuestra mente y reemplazarlos por imágenes positivas.
   a. sacar   b. influir   c. obsesionarse con

7. Es bueno estar preparados siempre para cualquier problema o situación que pueda
   _____ de repente.
   a. tener valor   b. surgir   c. superar

4-16 A leer

> # Elimine la preocupación de su vida
>
> *No gaste energía en lo que no vale la pena y*
> *empiece sus tareas con optimismo*
>
> Las personas que han vivido mucho tiempo y que han tenido una existencia feliz dicen que eliminar las preocupaciones es la clave para una buena salud mental y hasta física. Preocuparse por gusto es una pérdida de tiempo y de energía. Lo mejor que usted puede hacer si en su mente hay angustias inquietantes es enfrascarse en cualquier actividad útil y entretenida.
>
> Aunque hoy en día, a diferencia de los hombres primitivos, ya no tenemos que cazar la comida del día siguiente, en la sociedad moderna, las personas tienen más preocupaciones que sus antepasados y también más úlceras. Preocuparse por el trabajo o una tarea que se comienza, no ayuda absolutamente en nada al éxito en la labor. Lo único que se consigue es mayor nerviosismo y tensión.
>
> Claro que todos cometemos errores, pero no vale la pena preocuparse de antemano por los problemas que pueden surgir. ¿No se ha dado usted cuenta de que sus anticipaciones son siempre más catastróficas que la realidad? ¿O de que nada de lo que usted se imagina que va a suceder, sucede de esa forma, sino de una manera diferente? Este razonamiento debería ser suficiente para sacar los pensamientos preocupantes de su vida. Ponga esa energía a trabajar en algo útil y provechoso.

4-17 Después de leer. ¿Has comprendido? Indica si las oraciones son ciertas o falsas, según el artículo.

_____   1. La preocupación no afecta la salud física.

_____   2. Las diversiones son buenas para aliviar la preocupación.

_____   3. El problema de las preocupaciones no es tan grave en la sociedad moderna como lo era en el pasado.

_____   4. Las preocupaciones pueden ser útiles porque nos empujan a tener éxito en el trabajo.

_____   5. Nuestras preocupaciones no indican lo que realmente pasará.

TALLER

4-18 Antes de escribir. Haz una lista de adjetivos que describan tu carácter. Ahora piensa en la imagen que proyectas y cómo te ven los otros. ¿Crees que los demás estarían de acuerdo con la descripción que hiciste? Pregúntales a algunos compañeros cómo te describirían. Haz una lista de los adjetivos que ellos usan. ¿Qué discrepancias hay entre tu propia imagen y la imagen que tus amigos tienen de ti?

4-19 A escribir. Imagina que una persona está contigo por primera vez. Si alguien que no te conoce tuviera que describirte después de este primer encuentro, ¿qué diría? Escribe una descripción de ti mismo desde la perspectiva de una persona que acaba de conocerte. Usa adjetivos específicos. Intenta usar expresiones reflexivas para describir el aspecto físico (por ejemplo: se viste bien). Este tipo de oraciones de contraste (ha sido x pero ahora es y) no tiene fundamento dentro del contexto que se ofrece: la persona es nueva, por tanto no puede saber cómo era el estudiante antes.

4-20 Después de escribir. Cambia tu composición por la de otra persona de la clase. Díganse si creen que la descripción es un reflejo fiel de la imagen de cada uno. ¿Hay algo con lo que no estén de acuerdo? ¿Hay algo que les sorprenda?

Lab Manual
El individuo y la personalidad

PRIMERA PARTE
¡Así lo decimos! VOCABULARIO

4-21 ¿Qué tipo de personalidad te atrae? En la siguiente grabación escucharás una conversación entre dos amigas. María José y Teresa hablan sobre el tipo de personalidad que les atrae o que les molesta. Al final de cada oración, escucharás una pausa. Durante esta pausa completa el siguiente párrafo con uno de los adjetivos de la sección *¡Así lo decimos!* Recuerda que el adjetivo debe concordar en género (masculino/femenino) y número (singular o plural) con el sustantivo.

A Teresa le atraen las personas (1)_____. Le gusta que la persona sea

(2)_____. A María José le caen mal las personas

(3)_____. También le fastidian las personas

(4)_____. El novio de María José era

(5)_____, por eso María José terminó su relación con él. Ella no era

(6)_____.

4-22 El novio de mi hermana. En la siguiente grabación escucharás a Teresa hablar sobre el novio de su hermana. A Teresa le preocupa esta relación porque le cae mal José Luis. Escucha la narración cuantas veces sea necesario y luego completa el párrafo con una de las palabras que escuchaste.

La hermana de Teresa (1)_____ de José Luis. A Teresa le preocupa esa

relación porque él es un hombre con una (2)_____ muy baja. No

tiene personalidad ni (3)_____. Uno de sus problemas es que no tiene

deseos para (4)_____ en la vida. José Luis trabaja en un

(5)_____ pero no tiene muchos clientes. Como su hermana lo adora,

Teresa tendrá que aceptar y (6)_____ a José Luis.

¡Así lo hacemos! ESTRUCTURAS

1. Reflexive constructions

4-23 ¿Cómo eras tú? En la siguiente grabación escucharás a Rebeca y a Luis, amigos de Teresa y Cristina, hablar sobre su niñez. Escucha la grabación cuantas veces sea necesario y luego indica si las siguientes oraciones son ciertas o falsas.

1. _____ Rebeca se portaba bien.

2. _____ Los padres de Rebeca no se podían relajar porque ella era intranquila.

3. _____ Luis y sus padres se acostaban a las 11:30.

4. _____ Luis no se dormía inmediatamente.

5. _____ Luis se levantaba a comer por la noche.

6. _____ Luis se enamoró de muchas chicas.

4-24 Una entrevista. A Teresa le encantan los programas sobre los famosos y está escuchando una entrevista en la radio. Imagina que eres Letizia Ortiz, la futura reina de España, y te han invitado a un programa de radio para hablar sobre tu reciente boda con el príncipe Felipe de Borbón. El presentador te hará una serie de preguntas. Al final de cada pregunta escucharás una pausa. Después de la pausa escribe tu respuesta conjugando el verbo en el presente, pasado o futuro, según lo que escuches. No te olvides de usar el pronombre reflexivo.

1. Felipe y yo _____ en diciembre del 2003. Usted sabe que yo era reportera. Él visitó Galicia a causa de una catástrofe y yo estaba trabajando allí cubriendo la noticia.

2. Eso es totalmente falso. Yo _____ muy bien con la reina Sofía.

3. Sí, estuve casada por un año. No me molesta lo que la gente piense. Felipe y yo _____ dichosos por nuestra boda y eso es lo único que importa.

4. Es muy pronto para saber cómo _____. Todavía no tenemos planes para tener hijos.

4-25 Los novios. María José ahora tiene un novio nuevo, Alejandro. Aquí Alejandro nos cuenta su historia. Escucha la narración cuantas veces sea necesario y completa las siguientes oraciones con uno de los dos verbos entre paréntesis. Necesitas conjugar el verbo en el pretérito o en el imperfecto.

Fue una ocasión especial cuando María José y Alejandro (1)_____ (enamorarse/ conocerse). Él (2)_____ (llamar a / enamorarse de) ella inmediatamente. Ellos (3)_____ (tratarse/llevarse) bien desde el principio y (4)_____ (llamarse/comunicarse) por teléfono constantemente. Ellos (5)_____ (regalarse/darse) el primer beso debajo de un árbol.

SEGUNDA PARTE

¡Así lo decimos! VOCABULARIO

4-26 Mi pobre hermana. La hermana de Teresa terminó su relación con José Luis. En la siguiente grabación la escucharás hablar sobre Ricardo, el nuevo novio de su hermana. A Teresa le preocupa esta relación porque tampoco le cae bien Ricardo. En esta grabación Teresa describe a Ricardo pero ella no termina la oración. Después de cada oración escucharás una pausa. Durante la pausa completa el párrafo con uno de los siguientes adjetivos.

caprichoso	ingrato	sensible	vanidoso
despreocupado	malhablado	terco	vicioso
fuerte	mentiroso	valiente	

Ricardo es (1)_____. A Ricardo no le da miedo nada, es

(2)_____. El problema es que es

(3)_____. Es muy (4)_____; nunca

agradece nada. Es peor que una mujer frente al espejo, es (5)_____.

Lo peor de todo, y lo que más me disgusta, es que es (6)_____.

4-27 Una evaluación psicológica. Cristina, la hermana de Teresa, va al psicólogo a que le haga una evaluación psicológica para poder entender su problema. Al final de cada oración escucharás una pausa. Durante la pausa determina cuál de las siguientes palabras completa lógicamente la frase que escuchaste.

acomplejada	castigo	estado de ánimo
amor propio	conducta	influencia
apasionada	enajenada	presumida

1. _____

2. _____

3. _____

4. _____

5. _____

¡Así lo hacemos! ESTRUCTURAS

2. Agreement, form, and position of adjectives

4-28 El test psicológico. El psicólogo le aconseja a Cristina que haga una prueba para comprobar su grado de desconexión con la realidad. En la siguiente grabación escucharás una serie de nombres y cosas. Después de escuchar la grabación, elige el adjetivo que mejor describa lo que escuchaste.

MODELO: **Tú escuchas:**   Un hombre de 90 años
Tus opciones son: a. un hombre viejo   b. un viejo hombre
Tú escoges: a.

1. a. una mujer pobre
   b. una pobre mujer

2. a. una mujer grande
   b. una gran mujer

3. a. el amor propio
   b. el propio amor

4. a. las víctimas pobres
   b. las pobres víctimas

5. a. un hombre puro
   b. un puro hombre

4-29 Vamos a describir. El psicólogo le hace unas preguntas a Cristina para saber si está deprimida. En la siguiente grabación escucharás una serie de preguntas. Después de cada pregunta escucharás una pausa. Contesta cada pregunta usando uno de los dos adjetivos descriptivos entre paréntesis.

1. _____ (guapo/guapos)
2. _____ (trabajadoras/trabajadora)
3. _____ (divertido/divertidas)
4. _____ (gran/grande)
5. _____ (bondadosos/bondadosas)

3. The past participle and the present perfect tense

4-30 Todo está listo. Imagínate que tú eres Teresa y estás a cargo de organizar la boda real de Leticia Ortiz y el príncipe Felipe de Borbón. La madre de la novia está un poco nerviosa y quiere saber si todo está listo. Entonces te llama para hacerte una serie de preguntas. Al final de cada pregunta escucharás una pausa. Durante la pausa rellena el espacio en blanco con el participio de pasado que escuchaste.

> MODELO: **Tú escuchas:**   ¿Cuándo disenaste el vestido de Letizia?
> **Tú escribes:**   El vestido fue diseñado el año pasado.

1. La compañía de *catering* fue _____ el mes pasado.

2. Sí, los problemas con el salón están _____.

3. Sí, las invitaciones están _____ desde el mes pasado.

4. El contrato con el fotógrafo está _____.

5. La iglesia está _____.

4-31 Buscando pareja. Ricardo, el ex novio de Cristina, no ha podido encontrar novia y por eso él se entrevista con un servicio que ayuda a encontrar pareja. Escucha la grabación y luego indica si las siguientes oraciones son ciertas o falsas.

1. _____ Ricardo no ha cometido ningún delito.

2. _____ Ricardo ha sido diagnosticado con una enfermedad mental.

3. _____ Ricardo ha superado su última relación amorosa.

4. _____ Todas las novias de Ricardo han sido feas.

5. _____ Ricardo ya le ha pagado a la secretaria.

4-32 Cómo ha cambiado mi vida. Cristina finalmente se ha dado cuenta de que los novios que hasta este momento ha tenido no han sido muy buenos. Escucha la siguiente grabación donde ella nos dice lo que ha hecho para cambiar su vida. Después de escuchar la grabación debes comunicar lo que Cristina dijo. Cambia los verbos de primera persona a tercera persona singular.

1. Cristina _____ que luchar para mejorar su autoestima.

2. Cristina _____ completamente a sus estudios.

3. Cristina _____ de todos los hombres.

4. Su psicólogo le _____ que necesita tiempo sola.

5. Sus padres y amigos la _____ mucho.

6. Todos _____ un gran cambio en su vida.

4-33 Ahora yo escribo. Ahora te toca a ti. A continuación escucharás una serie de verbos en el infinitivo. Después de escucharlos, escribe una oración original. Debes cambiar el verbo del infinitivo al participio de pasado. Puedes usar los verbos *estar* o *haber* en tu oración.

MODELO: **Tú escuchas:**   invitar
Tú escribes: Me han invitado a la boda del príncipe Felipe y Letizia.
O:
Estoy invitada a la boda del príncipe Felipe y Letizia.

1. _____

2. _____

3. _____

4. _____

5. _____

6. _____

CONEXIONES

4-34 Una personalidad atractiva. Vuelve a la página 144 del texto y lee la descripción del cantante Carlos Santana. Luego escucha la grabación y contesta las preguntas que escuches con oraciones completas.

1. _____

2. _____

3. _____

4. _____

Workbook
Las relaciones personales

PRIMERA PARTE
¡Así lo decimos! VOCABULARIO

5-1 Una petición. Completa el panfleto de una organización caritativa con estas palabras de *¡Así lo decimos!*

> abrazo   bien   compromiso   primer paso
> ánimo   bondad   confiar   proteger

El primer paso es una organización que ayuda a personas sin hogar a resolver sus problemas económicos y sociales. Nuestro grupo depende de la (1)_____ de los miembros de la comunidad para mantener el programa. Aparte de los recursos materiales estas personas buscan apoyo moral. Necesitan personas en quienes puedan

(2)_____, pues la mayoría no tiene a nadie con quien hablar de sus problemas y sentimientos. Otros necesitan un simple (3)_____ pues nunca han sentido afecto ni calor humano. Muchas de las personas a quienes ayudamos necesitan un amigo que comprenda su situación y que les dé (4)_____ para superar sus dificultades. Es nuestro deber (5)_____ a los desamparados y los menos afortunados del mundo hostil donde viven. Todos tenemos un

(6)_____ moral de ayudar a los más necesitados. Si Ud. puede contribuir a nuestra organización, llámenos. Recuerde: ¡Hacer el (7)_____ siempre es gratificante! El (8)_____es el más difícil pero el más importante. ¡Délo hoy!

¡Contamos con su buena voluntad!

5-2 Las relaciones de pareja. Ana y Juan son una pareja y ahora mismo están en medio de una crisis. Ayuda a completar el diálogo entre Ana y Juan con estas palabras de ¡Así lo decimos!

amo	chismoso	enojes	por sentado
calumnia	confianza	fiel	reconozco
celosa	disculpar	hacer las paces	sospechaba
chisme	discusión	herido	sugiero
chismorrea			

ANA: ¡Juan! Tengo que hablar contigo seriamente. Alguien me contó un

(1)_____ sobre ti y quiero saber si es cierto.

JUAN: Ana, no puedes creer nunca en la gente que (2)_____.

¿Qué es lo que te dijeron?

ANA: Que tú no eres (3)_____; que tienes otra novia.

JUAN: ¿Otra novia? ¡Eso es una (4)_____! Ana, sabes que yo te

(5)_____ con todo mi corazón. Yo nunca traicionaría tu

(6)_____.

ANA: No te creo. No quiero continuar esta (7)_____ tan absurda.

¡No me busques más ni me llames! Se acabó nuestra relación. Nunca te podré

(8)_____; me has (9)_____

mucho.

JUAN: ¡Pero Ana! ¡Cálmate! ¡No es cierto lo que te ha dicho ese

(10)_____!

ANA: Sí, Facundo me lo dijo, pero yo también tenía mis (11)_____.

¡Adiós Juan!

JUAN: ¡Ana, no te (12)_____ tanto! ¡Es que eres demasiado

(13)_____! Te (14)_____ que te

tranquilices para que podamos hablar con calma. Sólo así podremos

(15)_____.

ANA: No, no quiero volver contigo.

JUAN: (Yo) (16)_____ que soy un poco coqueto pero tú eres el amor

de mi vida! ¡Por favor, Ana, dame otra oportunidad!

ANA: Lo siento, pero creo que has dado (17)_____ nuestro amor

muchas veces. Ésta ha sido la última vez. ¡Se acabó!

¡Así lo hacemos! ESTRUCTURAS

1. The subjunctive vs. the indicative in adjective clauses

5-3   Una fiesta. Isabel está organizando una fiesta para animar a Pilar, una amiga que acaba de romper con su novio. Completa la lista de los preparativos para la fiesta con el subjuntivo o indicativo de los verbos entre paréntesis.

1. Ya hemos invitamos a todos nuestros compañeros que _____

   (considerarse) buenos amigos de Pilar.

2. Tenemos unos pequeños regalos para Pilar. No hay ninguno que

   _____ (valer) mucho dinero, pero creemos que le van a gustar.

3. Ayer diseñamos una tarjeta que _____ (decir) «¡Ánimo, Pilar!»

4. Mañana le compraremos una torta. Preferimos una que _____

   (ser) de chocolate porque a Pilar le encanta el chocolate.

5. Esta tarde le compré un disco compacto que _____ (tener)

   muchas de sus canciones favoritas.

6. Haremos la fiesta en la casa de Antonio, un amigo nuestro que

   _____ (vivir) en un apartamento con una terraza grande.

7. Después de la fiesta, saldremos a bailar a algún sitio que le

   _____ (gustar) a Pilar.

8. ¿Hay algo más que (nosotros) _____ (poder) hacer para

   animarla?

5-4   Un aviso clasificado. Sarahí escribe un anuncio clasificado. Completa el anuncio con el presente de indicativo o de subjuntivo de los verbos entre paréntesis.

Soy una mujer que (1)_____ (buscar) una relación seria, pero parece

que no hay ningún hombre decente que (2)_____ (querer) salir

conmigo. Siempre salgo con hombres que (3)_____ (enamorarse) de

otra mujer. Necesito un compañero que (4)_____ (ser) fiel. Busco a

alguien que me (5)_____ (respetar) y que no

(6)_____ (dar) por sentado mi amor. Quiero un novio que me

(7)_____ (apreciar) y que (8)_____

(pensar) en mis sentimientos. ¿Hay alguien que (9)_____ (tener) estas características? Si eres una persona que (10)_____ (comprender) mi situación, llámame al 555-AMOR.

5-5 Una declaración de amor. Rosa y José Luis se conocieron a través del anuncio clasificado de Rosa. José Luis le está declarando su amor a Rosa. Completa el diálogo con el presente de indicativo o de subjuntivo de los verbos.

> confiar   gustar   inventarse   ser
> estar   hacer   querer   tener

JOSÉ LUIS: Rosa, te quiero con toda mi alma. Eres la única persona que me

(1)_____ feliz y quiero pasar mi vida junto a ti.

No quieres a otro, ¿verdad?

ROSA: No hay nadie en el mundo que me (2)_____ tanto como

tú. ¡Pero eres insoportable porque todos los días me preguntas si quiero a otro! Eres una

persona que siempre (3)_____ celos. Necesito un novio

que (4)_____ en mí. Sabes que no hay otro hombre que

me (5)_____.

JOSÉ LUIS: No sé... Tienes unos amigos que (6)_____ muy

sospechosos. ¿Estás segura de que no hay ninguno de ellos que

(7)_____ enamorado de ti?

ROSA: Ya te he dicho que no, José Luis. ¡Qué manía! ¡Lo único que quiero es un novio que no

(8)_____ historias de celos!

SEGUNDA PARTE
¡Así lo decimos! VOCABULARIO

5-6 Chismes. A Manolo le encanta chismear sobre sus compañeros de clase. Completa sus chismes con estas palabras de *¡Así lo decimos!*

> apasionado   dominar   separados
> callado   malcriado   tacaño

1. La semana pasada le pedí un préstamo de cincuenta dólares a Armando y me lo negó. Es un

   chico muy _____.

2. Félix me cae mal porque es un _____. Sus padres le dan todo lo

   que él quiere.

3. La novia de Adrián dice que él es un chico _____ porque

   siempre está abrazándola, besándola y diciéndole palabras de amor.

4. ¿Sabes por qué Luis está tan _____ últimamente? Porque metió

   la pata (*said the wrong thing*) tantas veces el mes pasado que ahora no quiere hablar.

5. ¿Sabías que Samuel tiene una obsesión por el control? Siempre quiere

   _____ la situación y a todos sus amigos.

6. ¿Te enteraste? Parece que Juan y Ana ya no son novios. Están

   _____ porque Ana se enojó mucho por algo que hizo Juan.

5-7 Un psicólogo infantil. Un psicólogo hizo una observación de Pablito, un niño que siempre se pelea con sus compañeros. Completa su informe con estas palabras de *¡Así lo decimos!*

> calladas   dominar   inmaduro
> comportamiento   gestos   inseguridad
> consentido   grosera   separación
> divorcio

He observado a Pablito durante los últimos tres días y he llegado a la conclusión de que su

(1)_____ violento es el resultado de un complejo psicológico,

probablemente agravado por la (2)_____ de sus padres cuando tenía

tres años y su reciente (3)_____. Pablito tiene una baja autoestima, pero le gusta (4)_____ a los otros niños porque su agresividad

encubre la profunda (5)_____ que siente. Muchas personas con baja

autoestima son tímidas y (6)_____, pero Pablito oculta sus problemas

tras su actitud violenta y su forma tan (7)_____ de hablar y de tratar

a los demás. Es decir, reacciona a sus sentimientos de inferioridad con

(8)_____ y tonos agresivos. Además, Pablito es un niño demasiado

(9)_____ para su edad, se porta casi como un niñito pequeño. Por eso

Pablito se comporta como un niño malcriado o (10)_____, pero la

verdad es que es urgente que sus padres le presten más atención. Si recibe más afecto, es probable

que se sienta más seguro y que poco a poco se resuelva su problema.

¡Así lo hacemos! ESTRUCTURAS

2. The future perfect and pluperfect tenses

5-8 Proyectos. Completa la carta en la que David le cuenta a su padre lo que habrá hecho dentro
de unos años con el futuro perfecto de los verbos.

ahorrar	comprometer	graduarse
casarse	dejar	tener
comprar	encontrar	

Querido papá:

Tengo noticias sobre mi futuro que te van a encantar. Casi he terminado mis clases en la universidad

y para junio ya (1)_____. Ya he empezado a buscar trabajo, y te

prometo que para finales del verano (2)_____ un puesto estable en

una compañía importante. Dentro de un año (3)_____ mucho dinero

y para diciembre (4)_____ una casa. Mi novia y yo pensamos que

antes de noviembre (5)_____ y para dentro de dos años

(6)_____. Probablemente (7)_____ un

hijo para el año 2008. ¡Para aquel entonces tú (8)_____ de

preocuparte tanto por mí!

5-9 El futuro. Piensa en las cosas que tú y las siguientes personas habrán hecho cuando se gradúen de la universidad. Escribe oraciones completas lógicas usando el futuro perfecto. Recuerda hacer los cambios necesarios para que las oraciones tengan sentido.

1. Yo / cumplir / sueño / graduarme / psicología

2. Mi compañero(a) de cuarto / beneficiarse / estudiar / buena universidad

3. Nosotros / superar / momentos difíciles / juntos

4. Tú / comprometerse / tu novio(a) / escuela secundaria

5. Mis padres / hacer / grande fiesta / graduación

5-10 Una encuesta. Después de graduarte has trabajado haciendo encuestas para un estudio sobre las relaciones interpersonales actuales. Completa las oraciones con el pluscuamperfecto del verbo apropiado en cada caso.

1. El 94% de las mujeres dijo que _____ (enamorarse / emocionarse / arrepentirse) de alguien antes de cumplir los dieciocho años.

2. El 42% de los hombres casados admitieron que _____ (descomponerse / complementarse / declararse) a otra mujer antes de conocer a su esposa.

3. El 56% de las personas que han tenido una pareja infiel no _____ (enfadarse / disculparse / sospechar) que había otro/a antes de enterarse de la verdad.

4. El 27% de los matrimonios divorciados ya _____ (poblar / recurrir / acontecer) a la terapia cuando se separaron.

5. El 19% de las parejas dijeron que _____ (salir / agradecer / olvidarse) juntos durante un año antes de comprometerse.

6. El 38% de los recién casados dijeron que _____ (firmar / borrar / aprovechar) un pacto prenupcial antes de casarse.

5-11 Una pareja. Completa el párrafo en el que Horacio explica lo que él y su novia habían hecho antes de conocerse. En cada caso usa el pluscuamperfecto del verbo apropiado.

asistir	estar	tener	viajar
conocer	ir	tocar	vivir

Es increíble que mi novia Mariela y yo nos llevemos bien porque yo soy muy introvertido y ella es una persona muy extrovertida. Por esa razón nosotros (1)_____ experiencias muy diferentes antes de conocernos. Antes de salir con Mariela yo nunca

(2)_____ en el extranjero, pero ella y sus amigos

(3)_____ por toda América. Yo tampoco

(4)_____ a un concierto de música merengue, pero Mariela

(5)_____ con una orquesta caribeña por dos años. Mariela

(6)_____ muchas veces a fiestas en la casa de unos actores muy

conocidos, pero yo nunca (7)_____ a una persona famosa. La verdad

es que Mariela y yo (8)_____ en mundos muy distintos pero ahora

que somos novios estamos aprendiendo a compartir nuestras experiencias y nuestros gustos.

3. Comparisons with nouns, adjectives, verbs and adverbs, and superlatives

5-12 Unos compañeros irresponsables. Héctor, un estudiante universitario, le escribe una carta a su madre en la que describe cómo son sus compañeros de cuarto. Completa la carta usando los partículas comparativas y superlativas necesarias.

Querida mamá:

¡Esta semana ha sido (1)_____ más difícil de toda mi vida! Mis

compañeros de cuarto me han causado mucho estrés. ¡Son las personas

(2)_____ responsables del mundo! Víctor es el chico

(3)_____ olvidadizo de todos mis amigos. Esta semana se olvidó de

pagar la cuenta telefónica y ahora nos han cortado el servicio. Gerardo es

(4)_____ desorganizado como Víctor. Le presté los apuntes de mis

clases y me los perdió. Esta semana he sacado (5)_____ malas notas

como él porque no pude estudiar. Octavio es el más egoísta (6)_____

todos mis compañeros. No nos permitirá usar su ordenador hasta que él termine sus trabajos finales,

pero es más lento (7)_____ una tortuga. Octavio también es

(8)_____ (9)_____ tacaño de todos mis

compañeros. Ayer pedimos una pizza grande y ni siquiera se ofreció a pagar, como el resto de

nosotros. Sin embargo, creo que Daniel es el peor de todos. Tiene

(10)_____ discos compactos como una tienda de música y los pone

toda la noche. No puedo dormir porque el ruido es tan fuerte

(11)_____ en un concierto de rock. ¿Qué puedo hacer, mamá?

Héctor

5-13 ¿Cómo es tu familia? Elena quiere saber cómo es la familia de Héctor, el chico con quien sale. Completa las respuestas con los superlativos.

ELENA: ¿Tu familia está muy unida?

HÉCTOR: Sí, mi familia es (1)_____ del mundo.

ELENA: ¿Son cariñosos tus padres?

HÉCTOR: Tengo los padres (2)_____ de todos de mis amigos.

ELENA: ¿Tu hermano Martín es comprensivo?

HÉCTOR: No, Martín es (3)_____ de mis hermanos.

ELENA: Tus hermanas son encantadoras, ¿verdad?

HÉCTOR: Es cierto. Son las chicas (4)_____ de su colegio.

ELENA: ¿Es consentida tu hermana menor?

HÉCTOR: Sí, es la persona (5)_____ de toda mi familia.

5-14 Unos compañeros divertidos. Maribel y Patricia están conversando sobre sus compañeros de clase. Completa el diálogo con las expresiones superlativas. Recuerda la concordancia.

MARIBEL: Me encanta la clase de literatura porque nuestros compañeros de clase son los

(1)_____ (divertido) de toda la universidad.

PATRICIA: Es cierto. Pienso que Diego es el chico (2)_____ (gracioso)

del mundo. ¡Cuenta unos chistes buenísimos!

MARIBEL: Y Gloria es la chica (3)_____ (fascinante) de la clase. Sabe

cantar, bailar y tocar el piano.

PATRICIA: A mí me caen bien Esther y Marcelo, pero son las personas

(4)_____ (serio) de la clase. Salen con amigos todos los

días y nunca estudian. ¡Tienen las (5)_____ (malo) notas

de toda la clase!

MARIBEL: Inés y Rosario son las chicas (6)_____ (desenvuelto) de

todas. Tienen fiestas en su casa casi todos los viernes.

ELENA: El profesor de la clase me parece divertido también. Es el profesor

(7)_____ (aburrido) de la facultad de letras. Su clase es la

(8)_____ (interesante) de todas.

5-15 ¿Cómo se comparan? Nuria y Erica están hablando de las personalidades de algunos personajes famosos. Escribe oraciones completas con los comparativos. Claves: (−): inferioridad; (=): igualdad; (+): superioridad.

MODELO: Paul Rodríguez / ser / − / erudito / Octavio Paz
Paul Rodríguez es *menos erudito que* Octavio Paz.

1. Sandra Cisneros e Isabel Allende / ser / = / creativo / Oscar Hijuelos y Mario Vargas Llosa

   _____

2. Madonna / ser / + / extrovertido / Gloria Estefan

   _____

3. El rey Juan Carlos y la reina Sofía / ser / + / reservado / el príncipe y las infantas

   _____

4. Chef Pepín / hacer / = / tortas / Martha Stewart

   _____

5. Pablo Picasso / ser / − / excéntrico / Salvador Dalí

   _____

6. Salma Hayek / tener / = / encanto / Antonio Banderas

   _____

7. Oscar de la Hoya / ser / = / valiente / Héctor «el macho» Camacho

   _____

8. Pedro Almodóvar / tener / = / originalidad / Luis Buñuel

   _____

CONEXIONES
Páginas

5-16 Antes de leer. Estudia el siguiente vocabulario que encontrarás en la lectura. Luego responde las preguntas.

Vocabulario clave	
a propósito	*on purpose*
al cabo de	*after*
arruinar	*to ruin*
capaces	*capable*
quitarnos	*takes (away) from us*
rompecabezas	*puzzle*

1. ¿Has tenido que pedir perdón alguna vez?   Sí   No

2. ¿Te han pedido perdón a ti alguna vez?   Sí   No

3. ¿Cuáles fueron las razones en ambos casos?
   a. una discusión   e. un malentendido   i. una traición
   b. un secreto mal guardado   f. una pelea   j. una broma pesada (*practical joke*)
   c. celos   g. infidelidad   k. otro: _____
   d. un chisme   h. una calumnia

4. ¿Cómo te sentías después de perdonar?
   a. bien   b. mal   c. peor que antes   d. otro: _____

5. ¿Y después de ser perdonado/a?
   a. bien   b. mal   c. mejor que antes   d. otro: _____

6. ¿Crees que hay diferencia entre perdonar y olvidar?   Sí   No

7. ¿Qué crees que hacemos más a menudo: perdonar u olvidar? ¿Por qué?

   _____

¿Perdonar o no perdonar?

—Si su mejor amigo revelara un secreto que usted le había confiado, ¿lo perdonaría?

—Si un compañero de estudios o de trabajo le envía un virus a su computadora a propósito, ¿lo perdonaría?

—Si usted le presta dinero a su mejor amiga y nunca se lo devuelve, ¿la perdonaría?

—Si le presta a un amigo o a una amiga una prenda de ropa muy fina y él o ella se la estropea, ¿perdonaría usted a esta persona?

—Si su pareja lo traicionara con otra persona, ¿la perdonaría?

El perdón tiene muchas caras: la religiosa, la política, la legal, la económica y, por supuesto, la psicológica. Perdonar —o no perdonar— es una pieza clave en el rompecabezas de las relaciones interpersonales. Un estudio de la Universidad de Purdue demostró que son muy pocas las personas que realmente perdonan y olvidan totalmente. Según este estudio, en el que participaron 410 personas, sólo un 13% de estas personas eran capaces de perdonar y de olvidar sin condiciones; el resto de las personas mantenía rencor u otros sentimientos negativos y sólo olvidaba y perdonaba con resentimientos y muchas limitaciones.

La mayoría de las personas no se dan cuenta de que perdonar a veces ayuda más al que perdona que al perdonado. Al perdonar, la persona saca muchos sentimientos y sensaciones negativas de su sistema. Pero según expertos en relaciones interpersonales, si uno lo perdona todo y perdona siempre corre el peligro de que den por sentado su capacidad para perdonar y le pierdan el respeto. El estudio de Purdue demostró que muchas veces es preferible romper totalmente con una relación y así poder perdonar y olvidar, lo que normalmente ocurre al cabo de tres a cinco años. De esta forma se evita que el rencor o el resentimiento nos quiten la energía positiva que necesitamos para disfrutar de las otras cosas de la vida.

Todos los seres humanos conocen las ventajas de perdonar y de olvidar. Algunos lo hacemos más frecuentemente que otros. El perdón es parte de nuestras relaciones con los demás y con nosotros mismos. De hecho, a veces perdonarnos a nosotros mismos es más difícil que perdonar a los demás. Siempre hay que recordar que a nosotros también nos gustaría que perdonaran nuestras faltas. Pero hay que saber pedir perdón... y eso no siempre es fácil. ¡Tanto perdonar como pedir perdón se aprenden sólo practicando!

5-18 Después de leer. Para comprobar si has entendido bien la lectura contesta ahora las preguntas sobre el artículo.

1. ¿Dónde se llevó a cabo el estudio?

   _____

2. ¿Qué porcentaje de las personas dijeron que perdonaban y olvidaban «sin condiciones»?

   _____

3. ¿Qué dijo el resto del grupo con respecto a su manera de perdonar?

   _____

4. ¿Qué consejo ofrece el artículo para evitar el rencor?

   _____

5. ¿Cuánto tiempo se requiere para perdonar y olvidar después de ese paso?

   _____

6. ¿Estás de acuerdo con la idea de que es preferible romper totalmente con una relación para poder evitar el rencor? ¿Bajo qué circunstancias es necesario? ¿Cuándo es preferible mantener la relación, aunque sea imposible perdonar y olvidar sin condiciones?

   _____

TALLER

5-19 Antes de escribir. Piensa en una situación en la que le pediste perdón a alguien. ¿Qué habías hecho que merecía perdón? ¿La persona te perdonó o todavía te guarda rencor?

5-20 A escribir. Escribe una carta a una persona a la que quieras pedir perdón. Recuérdale lo que hiciste y explícale por qué te comportaste de esa manera. Intenta usar el pluscuamperfecto para narrar los hechos y el futuro para expresar tus esperanzas para la relación.

5-21 Después de escribir. Intercambia tu carta con un compañero o una compañera. Responde a su carta: ¿Vas a perdonarlo o perdonarla?

Lab Manual
Las relaciones personales

PRIMERA PARTE

¡Así lo decimos! VOCABULARIO

5-22 Un buen amigo. En la siguiente grabación Toño nos va a hablar de su amigo Felipe. Escucha la grabación cuantas veces sea necesario y luego rellena los espacios en blanco con una de las siguientes palabras de *¡Así lo decimos!*

> agradecido   celoso   declarado   discutido
> calumniado   chismoso   disculpado   fiel

1. Felipe es _____.

2. Felipe no es _____.

3. Felipe es _____.

4. Felipe no es _____.

5-23 ¿Sabes cuál es la palabra? Escucha la siguiente narración donde Marisela nos habla de su novio. Luego rellena los espacios en blanco con la palabra de *¡Así lo decimos!* que escuchaste.

Al novio de Marisela no le importa (1)_____. Ella no es

(2)_____ y no le gusta (3)_____. Ella

es la novia perfecta. Ahora ella ha perdido (4)_____ en él y por eso

Marisela está (5)_____ y enfadada.

¡Así lo hacemos! ESTRUCTURAS

1. The subjunctive vs. the indicative in adjective clauses

5-24 Amar otra vez. A continuación escucharás la sinopsis de una telenovela acerca de las vidas de dos jóvenes enamorados. Escucha la grabación cuantas veces sea necesario y luego indica si las siguientes oraciones son ciertas o falsas.

1. _____ Rocío y Fernando están comprometidos para casarse.

2. _____ Fernando busca una mujer que le dé poder y dinero.

3. _____ Fernando se casó con Rocío porque ella tenía dinero.

4. _____ Brenda nunca ha tenido a alguien que la ame mucho.

5. _____ Fernando muere.

5-25 ¿Qué debe hacer Rocío? En esta telenovela existe la posibilidad de que los espectadores participen interactivamente y ayuden a los guionistas a cambiar el final. En la siguiente grabación escucharás unas frases basadas en la grabación anterior. Después de cada frase escucharás una pausa. Debes decidir cuál de las siguientes oraciones completa las frases que escuchaste. Debes escribir el número en el espacio en blanco.

a. _____ ayude a olvidar lo que pasó con Fernando.

b. _____ sea tan perfecto como Fernando.

c. _____ va a encontrar el amor verdadero.

d. _____ mienta con algo tan serio como su muerte.

e. _____ sabe que Fernando es un mentiroso, su madre.

5-26 Empezando una nueva vida. Después de que Rocío se da cuenta de que Fernando mintió, ella decide ir a vivir a otra ciudad y empezar una nueva vida. Ella va a una oficina de empleo para entrevistarse. Escucha la conversación entre Rocío y la entrevistadora. Durante la pausa conjuga cada verbo en el presente de indicativo o en el presente de subjuntivo, según la respuesta de Rocío.

1. (dar) _____

2. (ir) _____

3. (casarse) _____

4. (poder) _____

5. (querer) _____

SEGUNDA PARTE
¡Así lo decimos! VOCABULARIO

5-27 ¿Qué significa esta palabra? A continuación escucharás definiciones que corresponden a las siguientes palabras de la sección *¡Así lo decimos!* Lee la lista de palabras y después de escuchar las definiciones, decide qué palabra corresponde a cada definición.

a. callada
b. sinvergüenza
c. malcriada
d. gestos
e. tacaña
f. el/la terapeuta
g. el divorcio
h. grosero
i. consentido
j. humillante

1. _____
2. _____
3. _____
4. _____
5. _____

5-28 ¿Cómo se comporta Fernandito? La señora Muñoz habla por teléfono con la directora del colegio de su hijo Fernandito acerca de su comportamiento. El problema es que hay una campana que interfiere cada vez que la directora dice algo y no se puede escuchar el verbo. Escucha la grabación cuantas veces sea necesario y luego escribe y conjuga el verbo que falta en el presente de indicativo o el presente de subjuntivo.

1. Fernandito _____ a los otros niñōs.

2. Fernandito no _____ las palabras de la profesora.

3. Fernandito _____ un carácter muy fuerte.

4. Fernandito no _____ por dónde corre.

5. Toda la clase espera que Fernandito _____ su mal comportamiento.

¡Así lo hacemos! ESTRUCTURAS

2. The future perfect and pluperfect tenses

5-29 Eso es imposible. Tu amiga Marta es una chica que sueña con lo imposible. En la siguiente grabación escucharás a Marta hacer planes para los próximos cuatro años. Ella predice lo que habrá hecho antes de terminar sus estudios en la universidad. Como tú conoces muy bien a Marta, sabes que lo que ella predice es imposible y la contradices. Rellena los siguientes espacios conjugando en el futuro perfecto uno de los dos verbos entre paréntesis.

1. No lo creo. Tú no _____ (casarse/graduarse) antes de cuatro años.

2. No lo creo, ellos no te _____ (regalar/prestar) nada.

3. Ustedes no _____ (terminar/empezar) su relación para finales de este año.

4. Roberto no _____ (fijarse/apasionarse) en ti antes de la primavera.

5. ¡Eso es imposible! Roberto no te _____ (dar/declarar) su amor antes del verano. Estás soñando.

5-30 Mi hijo. Doña Catalina está muy orgullosa de su hijo Guillermo y en esta grabación habla sobre él. Escucha la grabación cuantas veces sea necesario y luego indica si las siguientes oraciones son ciertas o falsas.

1. _____ El hijo de doña Catalina habrá abierto una farmacia para el próximo mes.

2. _____ El hijo de doña Catalina se habrá graduado de terapeuta familiar para el próximo mes.

3. _____ Doña Catalina cree que su hijo les habrá dado las gracias a ella y a su esposo.

4. _____ Él y su novia se habrán casado para la próxima semana.

5. _____ Doña Catalina piensa que para el próximo verano su hijo y su novia habrán anunciado su compromiso.

5-31 Antes de Mirna. En la siguiente grabación escucharás a Guillermo hablar sobre cómo era su vida antes de conocer a su novia Mirna. Después de escuchar la narración, completa el siguiente párrafo con la información que escuchaste en la grabación. Debes conjugar los verbos en el pretérito pluscuamperfecto.

Guillermo nunca antes (1)_____ a nadie. Nadie le

(2)_____ tanto amor. Antes de conocer a Mirna, Guillermo nunca

(3)_____ confianza en sí mismo y por eso nunca le

(4)_____ nada a ninguna de sus novias. Antes de Mirna, Guillermo

no (5)_____ fiel.

3. Comparisons with nouns, adjectives, verbs and adverbs, and superlatives

5-32 Comparando a nuestros hijos. Doña Catalina está muy orgullosa de su hijo el terapeuta y lo compara con el hijo de su amiga Altagracia. Escucha la grabación cuantas veces sea necesario y luego escribe una comparación de desigualdad usando sólo una oración.

MODELO: **Tú escuchas:** Mi hijo me ayuda con los gastos de la casa. El hijo de Altagracia no le ayuda en nada a su madre.

Tú escribes: Mi hijo es mejor que el hijo de Altagracia.

1. _____.
2. _____.
3. _____.
4. _____.
5. _____.

5-33 Son iguales. Sebastián no puede decidir con quién salir a bailar esta noche. Raquel y Erica son muy similares y él ha escrito una lista de cualidades. Escucha la siguiente grabación donde Sebastián lee la lista que compara a las dos chicas. Luego escribe una comparación de igualdad usando sólo una oración.

MODELO: **Tú escuchas:** Raquel tiene tres hermanos mayores. Erica tiene tres hermanos mayores también.

Tú escribes: Raquel tiene tantos hermanos mayores como Erica.

1. _____
2. _____

3. _____

4. _____

5. _____

5-34 Te presento a mi familia. Raquel y Sebastián salen a cenar. Durante la cena Raquel le describe todos los miembros de su familia a Sebastián. Escucha la grabación cuantas veces sea necesario y luego rellena el siguiente párrafo con la información necesaria. Debes usar los superlativos.

La familia de Raquel es extraña. Su papá es (1)_____ de la familia. Su

mamá es (2)_____ de todas las mujeres en la familia. Su hermano José

es (3)_____ de todos los hermanos. Raquel es

(4)_____ de todos.

5-35 Comparaciones. Raquel y Sebastián hablan ahora de sus personajes famosos y lugares favoritos. En la siguiente grabación escucharás una serie de nombres de personas o lugares. Después de escuchar la lista, escribe una comparación lógica de igualdad o desigualdad. Debes escribir dos de igualdad y dos de desigualdad.

> MODELO: **Tú escuchas:**   Jennifer Lopez y Janet Jackson
> **Tú escribes:**   Janet Jackson es tan famosa como Jennifer Lopez.

1. _____

2. _____

3. _____

4. _____

CONEXIONES

5-36 Una carta de amor. Vuelve a escuchar la canción «Cartas de amor» en la página 184 del texto. Luego escucha la grabación y contesta las preguntas.

1. _____

2. _____

3. _____

4. _____

Workbook

El ocio y el mundo del espectáculo

PRIMERA PARTE

¡Así lo decimos! VOCABULARIO

6-1 **Los programas recomendados por** *Telesemana.* Completa las recomendaciones de esta revista con estas palabras de *¡Así lo decimos!*

blanco y negro	innovadores	perdidos
certamen	interpreta	reportaje
ciencia-ficción	libreto	serie policíaca
conmueve	muñequitos	suspenso
de horror	noticiero	telenovela
entretenidas	patrocinada	

El fantasma de la momia   Canal 5   Martes   3:00 PM

La cadena de Televisión Hispana Internacional (WTEH) presenta esta película

(1)_____ sobre el espíritu de una momia que regresa para vengarse de

los directores de un museo. Es una película llena de (2)_____ pues

mantiene en tensión al espectador todo el tiempo. Es en (3)_____,

pues fue producida en 1949, lo que añade un toque (*a touch*) más de misterio.

Transgalaxia I   Canal 3   jueves   8:00 PM

Una serie de (4)_____ que trata sobre las aventuras de los tripulantes

de una nave espacial en el año 3.000. Por causa de una explosión, los tripulantes están

(5)_____ en el espacio; no pueden encontrar la Tierra. El famoso

actor Andrés Paredes (6)_____ el papel del capitán. La serie tiene unos efectos especiales muy (7)_____ y ofrece diálogos refrescantes y situaciones originales.

> *Amores prohibidos*   Canal 2   de lunes a viernes   1:00 PM

Una (8)_____ sobre el amor, aparentemente imposible, entre los hijos de dos familias enemigas. ¡*Amores prohibidos* (9)_____ al espectador menos sensible! Es una excelente producción de WTVI (Televisión Interamericana). El (10)_____ fue escrito por Juan Armando Rocha y la grabación fue dirigida por Luciana Andrade.

> *Telefútbol*   Canal 6   sábado y domingo   2:00 PM

Esta semana comienza la (11)_____ de fútbol. El primer juego será muy (12)_____ ¡No debe perdérselo! La transmisión vía satélite del partido (*game*) será (13)_____ por *Inca-Cola*.

> *Internoticias*   Canal 2   de lunes a viernes   6:00 PM

El (14)_____ más visto por el mundo hispano. Este viernes habrá un (15)_____ especial sobre el escándalo de corrupción en la alcaldía (*town hall*).

> *Miss Universo*   Canal 8   domingo   8:00 PM

El (16)_____ de belleza más importante del mundo. ¡No se lo pierda!

> *Unidad anti-drogas*   Canal 4   viernes   9:30 PM

Esta (17)_____ está basada en casos de la vida real. Trata sobre dos detectives y su lucha contra los traficantes de droga en la frontera.

> *El conejo azul*   Canal 10   sábados   8:00 AM

La mejores (18)_____ para niños menores de 10 años. Las aventuras más (19)_____ de Sebastián, el conejo azul y su amiguito Pedro, el gato con lentes.

6-2 Un actor aspirante. Completa la conversación entre un actor y su agente con estas palabras de ¡*Así lo decimos*!

bailar	conmover	grabación
cadena	documental	guión
carrera	emocionante	interpretar
competir	espectáculo	temporada

ACTOR: He tenido mucho éxito en mi (1)_____ como actor de

televisión pero me gustaría trabajar en algo diferente. Ya no quiero trabajar para la

(2)_____ televisiva Antena Ocho.

AGENTE: ¿Le interesa trabajar en *Broadway*? Hay una vacante para un bailarín en el

(3)_____ «*The Producers*». Y los directores de «*Rent*»

buscan un sustituto para la (4)_____ de verano.

ACTOR: No sé cantar ni (5)_____. Soy un actor serio.

AGENTE: Hay una productora de televisión que necesita un presentador para un nuevo

(6)_____ parecido a «National Geographic».

ACTOR: La verdad es que quiero hacer algo más (7)_____ que ese

tipo de programas. Mi sueño es (8)_____ un papel

principal en una película dramática.

AGENTE: Bueno, le mandaré el (9)_____ de la nueva película

de Almodóvar, pero Ud. tendrá que (10)_____ con

otros aspirantes al papel. Será una escena dramática. Tendrá que llorar y

(11)_____ a los productores y al director para que le

ofrezcan el papel.

ACTOR: ¿Para cuándo está programada la (12)_____ de esta

película?

AGENTE: Para junio o julio de este año.

ACTOR: ¡Es muy pronto! ¿Hay otra cosa?

AGENTE: ¡Se acabó! Será mejor que Ud. se busque otro agente.

¡Así lo hacemos! ESTRUCTURAS

1. The subjunctive vs. the indicative in adverbial clauses

6-3 Una serie. Blas invita a sus amigos a su casa todas las semanas para ver su programa de televisión favorito. Completa las oraciones con el indicativo o el subjuntivo de los verbos entre paréntesis.

1. Mis amigos vienen a mi apartamento todas las semanas para ver el programa «Policía en Buenos Aires» a menos que mi televisor no _____ (funcionar).

2. Esta tarde serviré palomitas de maíz para que mis amigos no _____ (pasar) hambre.

3. Nosotros siempre discutimos la trama del programa cuando _____ (haber) anuncios comerciales.

4. Hoy todos pasaron por mi casa en cuanto _____ (salir) del trabajo.

5. Hoy iremos a tomar un café después de que _____ (terminar) el programa.

6. La semana pasada todos se fueron tan pronto como yo _____ (apagar) el televisor.

7. Ahora tengo que limpiar la sala antes de que _____ (llegar) los invitados.

8. Continuaremos este rito mientras que _____ (durar) la serie «Policía en Buenos Aires».

6-4 Los efectos especiales. Blas es un gran aficionado al cine y ha escrito una columna para el periódico local. Completa el artículo con las conjunciones adverbiales lógicas.

a fin de	con tal de	para
a menos	después de	sin
antes de	hasta	

Hoy en día, las películas de ciencia-ficción no tienen éxito comercial

(1)_____ que tengan muchos efectos especiales. Hace unas décadas,

(2)_____ los avances tecnológicos, la ciencia-ficción era un género

cinematográfico que despertaba la imaginación del público (3)_____

la necesidad de efectos especiales convincentes. Pero ahora, (4)_____

grandes películas como *The Matrix,* los espectadores sólo quieren gastar dinero para ver películas de

fantasía (5)_____ que tengan alguna técnica innovadora. Además, el

auge de la industria de películas en video ha resultado en que los espectadores no van al cine sino

que prefieren esperar (6)_____ que salgan en video. Los cines tienen

que competir con esta forma más cómoda y más económica de ver películas. Sin embargo, parece

que la gente prefiere ir al cine para ver las películas que tienen efectos especiales

(7)_____ aprovechar la intensidad de esos efectos que ofrece la gran

pantalla. Los cineastas intentan producir películas repletas de explosiones, monstruos, naves y

coches fantásticos (8)_____ atraer a los espectadores y asegurar el

éxito comercial.

6-5 Un concierto. Amanda y Pepe tienen un abono (*season pass*) para la ópera esta temporada. Completa su diálogo con el indicativo, subjuntivo o infinitivo de los verbos entre paréntesis.

AMANDA: ¡Date prisa, Pepe! La función empieza pronto. Quiero llegar a la ópera antes de que se

(1)_____ (apagar) las luces.

PEPE: Espera un momento. Debo ponerme muy guapo en caso de que

(2)_____ (conocer) a alguien importante porque quiero

causar una buena impresión. Como yo (3)_____ (ser)

estudiante de música, es bueno tener conexiones en la industria.

AMANDA: Siempre insistes en conocer a las estrellas de música cuando (nosotros)

(4)_____ (ir) a la ópera. ¡La última vez estuvimos allí

hasta que nos (5)_____ (echar) porque no querías irte sin

(6)_____ (ver) a la soprano salir del teatro! Esta noche

volveremos a casa tan pronto como se (7)_____ (acabar)

la última nota.

PEPE: No podemos irnos tan temprano. Después de (8)_____

(asistir) a la función vamos a una recepción en casa de uno de los músicos.

AMANDA: Bueno, te acompañaré con tal de que no (9)_____ (pasar)

más de una hora en la recepción. ¡Es que a ti siempre te gusta quedarte en las fiestas

hasta que (10)_____ (amanecer)!

PEPE: Haremos lo que tú digas. Esta noche nos iremos a casa en cuanto

(11)_____ (saludar) a todos mis amigos.

6-6 Un director exigente. Un director de cine le explica un proyecto a su equipo de producción.
Completa el párrafo usando el presente de indicativo o de subjuntivo de los verbos.

> competir   convencer   grabar   producir
> componer   firmar   gustar   retransmitir

Compañeros, los anuncios comerciales que nosotros (1)_____ siempre

son de excelente calidad. Sin embargo, es importante que éste sea el mejor de todos. Tenemos que

satisfacer a los patrocinadores a fin de que (ellos) (2)_____ un

contrato con nuestra compañía. Debemos crear un anuncio muy innovador en caso de que otras

compañías de publicidad (3)_____ con nosotros por el contrato.

Perderemos esta oportunidad a menos de que la música de nuestro anuncio

(4)_____ a los radioyentes. Normalmente empezamos a trabajar en el

estudio tan pronto como (5)_____ la melodía, pero esta vez haremos

que los músicos ensayen varias veces antes de que los técnicos la

(6)_____. En cuanto (7)_____ el

anuncio por radio, haremos una encuesta de opinión. Si los oyentes dicen que el anuncio no los

convence, lo cambiaremos hasta que les (8)_____.

SEGUNDA PARTE

¡Así lo decimos! VOCABULARIO

6-7 Una obra de teatro. Una famosa directora de teatro estrena su última obra este fin de semana. Completa el artículo en la sección de entretenimiento del periódico *Las Américas* con estas palabras de *¡Así lo decimos!*

actos	dramaturgo	estreno
al final	ensayan	guitarra
aplauso	entradas	intermedio
donar	escenario	triunfo

La famosa directora de teatro, Javiera Jarro, presenta *La casa de Bernarda Alba* este fin de semana

Los actores y técnicos (1)_____ todos los días para su presentación

este fin de semana de *La casa de Bernarda Alba,* una de las obras más importantes del conocido

(2)_____ Federico García Lorca. Su

(3)_____ será este sábado en el Teatro Nacional. El

(4)_____ fue diseñado por Carlos Tejeiro. Reproduce el interior de

una casa típica de pueblo de Andalucía a principios del siglo XX. Habrá música en vivo durante

toda la obra a cargo de (*by*) Alonso Uribe, el famoso cantaor de flamenco, y Manolo Sanlúcar, que

tocará la (5)_____.

La obra está dividida en tres (6)_____. Después de los dos

primeros habrá un (7)_____ en el cual se servirán refrigerios y la

directora conversará con los asistentes.

Las (8)_____, que costarán 20 pesos, estarán a la venta esta

semana en el Teatro Nacional. La compañía de teatro de Javiera Jarro va a

(9)_____ 5 pesos por cada entrada que se venda a la Organización de

Actores Jóvenes de Andalucía. (10)_____ de la primera función habrá

una recepción a la que todos estarán invitados. Sin duda este espectáculo será todo un éxito y ganará

el (11)_____ del público y de la crítica. *La casa de Bernarda Alba* será

otro (12)_____ para la directora Javiera Jarro y su compañía.

6-8 Una *rockera* con corazón. Completa el siguiente artículo sobre Shakira, la famosa cantautora y estrella de rock colombiana con estas palabras de ¡*Así lo decimos!*

colaborado	ensaya	guitarra
compartir	escenarios	puesto que
contrato	ganó	sencillo
dona		

Shakira está considerada hoy en día como la reina del rock en español. Esta chica colombiana tiene un talento extraordinario y un gran corazón. La carrera de Shakira comenzó cuando era niña. Firmó su primer (1)_____ con la compañía disquera *Sony Music Colombia* cuando tenía sólo 13 años. Poco a poco, Shakira fue conquistando al público del mundo hispano. Cuando ella (2)_____ su primer Grammy en el 2002, ya era conocida en muchos países. Fue después de su entrada al mercado norteamericano con «Whenever, Wherever», su primer (3)_____ en inglés, cuando Shakira se convirtió en una diva *rockera* a nivel internacional.

Shakira compone, baila, canta y toca la (4)_____ y otros instrumentos. Es simpática y muy profesional, pues (5)_____ incansablemente antes de cada presentación ya que siempre quiere darle lo mejor a su público. Además, los (6)_____ de sus conciertos, que ella misma ayuda a diseñar, son espectaculares: Hay luces de colores, rayos láser, proyecciones y varias plataformas. Algunos productores y directores de Hollywood le han ofrecido papeles en sus películas pero Shakira no ha aceptado ninguno. Ella quiere dedicarse únicamente a cantar y a ofrecer conciertos, (7)_____ para ella lo más importante es (8)_____ su música con su público. Shakira también ha (9)_____ con muchas fundaciones y organizaciones que protegen a los menos afortunados y a menudo (10)_____ su talento, tiempo y dinero a hogares para niños pobres. ¡Es una *rockera* con corazón!

¡Así lo hacemos! ESTRUCTURAS

2. Commands (formal and informal)

6-9 Reglas para los espectadores. El director de una serie de televisión en vivo les explica a los espectadores lo que deben y no deben hacer mientras emiten (*broadcast*) el programa. Completa sus órdenes con el mandato formal (ustedes) de los verbos.

> aplaudir   fumar   pedir   reírse
> conversar   hacer   permanecer   salir

1. Por favor, _____ cuando les mostremos el letrero que dice «aplauso».

2. No _____ mientras los actores están hablando.

3. _____ sentados durante la acción.

4. No les _____ autógrafos a los actores.

5. _____ cuando los actores digan algo cómico.

6. No _____ ruido durante los momentos serios del programa.

7. No _____ cigarrillos en el estudio.

8. Cuando acabe el programa, _____ tranquilamente del estudio.

6-10 Un ensayo. Imagínate que eres director/a de una comedia musical y estás en un ensayo del espectáculo. Contesta las preguntas de la actriz con el mandato formal y los pronombres apropiados.

1.   ACTRIZ: ¿Me pongo el disfraz para este ensayo?

   DIRECTOR: Sí, _____.

2.   ACTRIZ: ¿Ensayo ahora el monólogo?

   DIRECTOR: Sí, _____ ahora mismo.

3.   ACTRIZ: ¿Puedo hacer la primera escena con el libreto?

   DIRECTOR: No, no _____ con el libreto. Debe empezar a memorizarla.

4.   ACTRIZ: ¿Le doy el libreto a mi asistente?

   DIRECTOR: Sí, _____ para que no tenga la tentación de mirarlo.

5.   ACTRIZ: ¿Me siento aquí en esta silla?

   DIRECTOR: No, no _____. La voz se proyecta mejor si está de pie.

6.   ACTRIZ: ¿Quiere que le cante a Ud. la canción principal de la obra?

   DIRECTOR: Sí, _____ porque quiero hacer una prueba de sonido.

6-11 Una audición. Un amigo (una amiga) se está preparando para una audición para una película y tú le tienes que dar unos consejos. Transforma los infinitivos en mandatos informales para expresar lo que debe hacer en la audición.

> ♦ ensayar en el teatro quince minutos antes de la cita
> ♦ comportarse profesionalmente
> ♦ ser entusiasta y cortés
> ♦ no firmar un contrato hasta que lo revise tu abogado
> ♦ repasar la escena antes de la audición
> ♦ no ponerse nervioso/a en la audición
> ♦ vestirse de acuerdo con el papel
> ♦ llevar una carpeta con fotos tuyas y cartas de recomendación

1. _____

2. _____

3. _____

4. _____

5. _____

6. _____

7. _____

8. _____

6-12 En España. Irma es española y sus amigas están en Madrid visitándola. Esta noche van a un concierto de un grupo pop. Completa lo que Irma les dice a sus amigas. Usa los mandatos informales de tú y vosotros.

Chicas, (1)_____ (venir) conmigo, que el concierto empieza

dentro de poco y quiero encontrar las butacas. María José, (2)_____

(decirle) a ese señor que se cambie porque está sentado en nuestro sitio, pero

(3)_____ (ser) cortés con él. (4)_____

(sentarse), chicas, porque acaban de apagar las luces. Fabiola, sé que te gusta el cantante del

conjunto, pero no (5)_____ (hacer) el ridículo cuando salga al

escenario. No (6)_____ (gritarle), por favor.

(7)_____ (comportarse) como una mujer adulta, no como una niña.

Muchachas, (8)_____ (guardar) las cámaras en el bolso. No

(9)_____ (sacar) fotos durante el concierto porque está prohibido.

María José, si quieres un autógrafo (10)_____ (esperar) hasta

el final del concierto. (11)_____ (salir) del auditorio,

(12)_____ (ir) a la limusina de los músicos y

(13)_____ (buscarlos) allí. (14)_____

(tener) paciencia porque es posible que tarden mucho en salir del auditorio. ¡Ya empiezan

a tocar la música! ¡(15)_____ (callarse) y

(16)_____ (escucharla), chicas!

3. The subjunctive with *ojalá*, *tal vez*, and *quizá(s)*

6-13 Sueños. Un grupo de estudiantes de artes interpretativas está expresando sus deseos y esperanzas acerca de sus aspiraciones profesionales. Completa las frases con el presente de subjuntivo de los verbos entre paréntesis.

1. Ojalá que este año yo _____ (firmar) un contrato con una compañía de discos.

2. Ojalá que un director de películas me _____ (dar) un papel importante.

3. Ojalá que tú _____ (encontrar) trabajo con la orquesta sinfónica.

4. Ojalá que el ballet nacional _____ (buscar) bailarines nuevos este año.

5. Ojalá que el teatro municipal _____ (estrenar) mi obra teatral.

6. Ojalá que tú _____ (cantar) algún día en una ópera italiana.

7. Ojalá que los miembros de mi conjunto y yo _____ (tener) éxito en nuestra gira latinoamericana.

8. Ojalá que directores importantes _____ (venir) a mi próximo recital de piano.

6-14 Una cita. Alejo ha invitado a Rosa a un concierto de la orquesta sinfónica. Rosa está muy nerviosa y le está haciendo muchas preguntas sobre cómo será todo. Completa las respuestas de Alejo con el indicativo o subjuntivo, según el contexto.

1. ROSA: ¿Llevarás esmoquin al Palacio de las Artes?

   ALEJO: Sí, tal vez _____ esmoquin.

2. ROSA: ¿Iremos al concierto en una limusina?

   ALEJO: Quizá _____ en taxi.

3. ROSA: ¿Nos sentaremos en la primera fila?

   ALEJO: Ojalá que _____ en la primera fila.

4. ROSA: ¿La orquesta tocará una sinfonía de Mozart?

   ALEJO: Ojalá que _____ música de varios compositores.

5. ROSA: ¿El concierto durará mucho tiempo?

   ALEJO: _____ dos horas, quizás.

6. ROSA: ¿Conoceremos a gente famosa durante el intermedio?

   ALEJO: Ojalá _____ al director del Palacio de las Artes.

7. ROSA: ¿Cenaremos en un restaurante elegante después de la función?

   ALEJO: Tal vez _____ en un restaurante francés.

8. ROSA: ¿Saldremos a bailar después de cenar?

   ALEJO: Quizá _____ a tomar una copa en algún sitio.

Nombre _____ Fecha _____

6-15 Entrevista con una estrella de cine. De camino a casa, Alejo y Rosa escuchan en la radio del taxi una entrevista con una estrella de cine. Completa la entrevista con el indicativo o el subjuntivo de los verbos de la lista.

> dar   interpretar   poder   tener
> gustar   llamar   ser   trabajar

ENTREVISTADOR: Buenas tardes, señorita Chávez. Quisiera hacerle unas preguntas acerca de sus futuros

proyectos en el cine. Tal vez Udo nos (1)_____

hablar un poco sobre las películas que va a hacer durante el próximo año.

SRTA. CHÁVEZ: Sí, cómo no. Actualmente estoy filmando una película de suspenso. Hay mucha

acción y efectos especiales, y tal vez eso le (2)_____

mucho al público. Ojalá que (3)_____ mucho éxito

porque todos estamos trabajando mucho. (4)_____

quizá mi mejor película hasta el momento.

ENTREVISTADOR: ¿Qué va a hacer en cuanto termine esta película?

SRTA. CHÁVEZ: Bueno, hace una semana fui a una audición para el nuevo proyecto del

famoso cineasta argentino, Ramón Castillo. Ojalá que me

(5)_____ para hacer la película.

ENTREVISTADOR: ¿Sabe Ud. quiénes son los otros actores que van a participar en el proyecto?

SRTA. CHÁVEZ: Tal vez el actor venezolano Edgar Villanueva

(6)_____ el papel del protagonista. Y quizá mi

amiga Rosario Estévez (7)_____ con nosotros

también.

ENTREVISTADOR: Sería un reparto (*cast*) maravilloso. ¡Ojalá que les

(8)_____ los papeles a Uds. tres!

CONEXIONES
Páginas

6-16 Antes de leer. Estudia el siguiente vocabulario que encontrarás en la lectura. Luego contesta las preguntas de la actividad.

> ### Vocabulario clave
>
> | | | | | | |
> |---|---|---|---|---|---|
> | **barberillo** | *little barber* | **ilustre** | *distinguished* | **puerto** | *seaport* |
> | **dicha** | *joy; happiness* | **ligeros** | *light (adj.)* | **temas** | *themes; topics* |
> | **género** | *genre* | **mezcla** | *mix* | **verbena** | *festival* |
> | **hoy en día** | *nowadays* | **paloma** | *pigeon; dove* | **viento** | *wind* |

1. ¿Te gusta la música?   Sí   No

2. ¿Qué clase de música escuchas?
   - a. pop
   - b. rock
   - c. heavy metal
   - d. clásica
   - e. ópera
   - f. country
   - g. flamenco
   - h. otro: _____

3. ¿Te gusta el teatro?   Sí   No

4. ¿Has visto alguna vez una obra de teatro?   Sí ¿Cuál? _____   No

5. ¿Y un musical?   Sí   No

6. ¿Qué elementos dirías que se combinan en el género del musical? (Marca tantos como sea necesario.)
   - a. música
   - b. mimo
   - c. baile
   - d. teatro
   - e. canción
   - f. dibujos animados
   - g. noticias
   - h. otros: _____

7. ¿Conoces algún otro tipo de espectáculo o género que combine algunos de estos elementos?

   _____

6-17 A leer

¿Qué es la zarzuela?

La zarzuela es una producción teatral en la que se alternan el diálogo y la canción. Puede describirse como una mezcla de teatro cómico, baile y ópera, pero no tan profunda y seria como la ópera tradicional. Este género dramático-musical tiene más bien un sabor popular y toca temas generalmente más ligeros. La zarzuela nació en el siglo XVII en Madrid, concretamente, en el pabellón de caza (*hunting lodge*) del Palacio de la Zarzuela del rey Felipe IV, amante del teatro y gran aficionado a los espectáculos musicales. A menudo, el rey mandaba celebrar representaciones nocturnas y fiestas cortesanas con música en palacio.

Este espectáculo es característicamente español pero hoy en día es aplaudido en todo el mundo. Iriarte, un ilustre español, se refería a la zarzuela como «nuestro drama genuino». La razón quizá haya sido que este género expresa mejor la mentalidad y la idiosincrasia del pueblo español que la ópera tradicional, y, por lo tanto, puede identificarse mejor con ella. Algunos de los aspectos que caracterizan la zarzuela y hacen de ella un género español son su energía y vivacidad, la cantidad de incidentes y la acción con nervio.

Entre las zarzuelas más conocidas se encuentran *Doña Francisquita* y *Bohemios*, de Amadeo Vives, *Viento es la dicha de amor*, de José de Nebra, *Luisa Fernanda*, de Federico Moreno Torroba, *La tabernera del puerto*, de Pablo Sorozábal, *El barberillo de Lavapiés*, de Francisco Asenjo y *Barbieri* y *La Verbena de la Paloma*, de Tomás Bretón.

Aunque en los últimos años se han incorporado a la zarzuela ritmos modernos, como el jazz, no hay duda de que los compositores y sus zarzuelas siempre tendrán un lugar preponderante en la historia de la música española.

6-18 Después de leer. ¿Has comprendido? Empareja los números con las letras correspondientes.

1. zarzuela
2. ópera tradicional
3. Madrid, siglo XVII
4. vivacidad y energía
5. Iriarte
6. Federico Moreno Torroba
7. ritmos modernos
8. ligeros y populares

a. nacimiento de la zarzuela
b. características de la zarzuela
c. un español ilustre
d. autor de Luisa Fernanda
e. mezcla de baile, canto y teatro cómico
f. incorporados en los últimos años
g. temas de la zarzuela
h. seria y profunda

TALLER

6-19 Antes de escribir. Muchas veces la música nos sugiere ideas y sensaciones sin la necesidad de palabras. Piensa en una composición instrumental que te conmueva. ¿Qué instrumentos son los más importantes? ¿Cómo es el ritmo? ¿En qué piensas cuando escuchas la melodía? Piensa en las emociones que te sugiere la canción e inventa un contexto en el que podrían surgir estas emociones. Puede ser una situación personal o inventada. Apunta algunos detalles del contexto.

MODELO: La música tiene un tono alegre y despreocupado. Me hace pensar en mi niñez, cuando iba al parque con mi abuelo.

6-20 A escribir. Escribe la letra para acompañar la música. Usa *ojalá, tal vez* y *quizá(s)* para expresar esperanzas, y mandatos para dirigirte a otra(s) persona(s) en la canción.

6-21 Después de escribir. Reúnete con un compañero o una compañera y compartan sus canciones con el resto de la clase. ¡Pueden cantarlas y acompañarlas con instrumentos!

Lab Manual
El ocio y el mundo del espectáculo

PRIMERA PARTE

¡Así lo decimos! VOCABULARIO

6-22 Los programas de televisión. En la siguiente grabación escucharás una narración sobre los programas de televisión que ve Roberto. Después de cada oración escucharás una pausa. Durante esta pausa completa el siguiente párrafo con una de las palabras de la sección *¡Así lo decimos!*

Roberto sólo tiene tiempo para ver (1)_____. Cuando no tiene nada mejor

que hacer ve (2)_____. No ve (3)_____ ni

tampoco le gusta mirar ninguna (4)_____. Roberto prefiere mirar

(5)_____.

6-23 ¿Sabes cuál es la palabra? Roberto tuvo una noche llena de acontecimientos inesperados. Escucha la grabación cuantas veces sea necesario y durante la pausa elige cuál de las dos palabras completa cada oración lógicamente.

1. a. la cadena   b. la televisión

2. a. un programa   b. el certamen

3. a. un documental   b. en vivo

4. a. en blanco y negro   b. por cable

5. a. la pantalla   b. la cadena

6. a. ver   b. afinar

¡Así lo hacemos! ESTRUCTURAS

1. The subjunctive vs. the indicative in adverbial clauses

6-24 Para ser famoso. Antonio es actor de comedias y quiere llegar a ser famoso. A continuación escucharás los consejos que le da su agente de publicidad. Después de escuchar la grabación debes escribir en el espacio en blanco la conjunción adverbial que escuchaste.

Antonio, para que tu programa tenga éxito es necesario que sigas mis consejos. Escucha.

1. Es necesario que tú y yo leamos el libreto antes de cada grabación

   _____ siempre estés bien preparado.

2. Debes ir al programa de Jay Leno para hablar sobre tu comedia

   _____ termine la temporada.

3. La imagen es muy importante. Debes comprarte ropa nueva

   _____ tú y yo vayamos a fiestas importantes para promocionar tu trabajo.

4. Debes causar controversia _____ los reporteros de revistas y periódicos hablen de ti.

5. No firmes un contrato _____ yo lo autorice.

6-25 Gracias por tus consejos. Parece ser que los consejos de su agente han tenido efecto y ahora Antonio tiene trabajo. Escucha a Antonio leer la nota de agradecimiento a su agente en voz alta. Después de escuchar la grabación debes informar lo que escuchaste. Rellena las siguientes oraciones con la conjunción adverbial y el verbo que escuchaste. Debes conjugar el verbo en la tercera persona del subjuntivo, del presente indicativo o del pretérito.

1. A Antonio no le dan el libreto _____ al estudio el día de la grabación.

2. Antonio tendrá que ir al programa de Letterman _____ de grabar la comedia.

3. Antonio hará algo para causar controversia _____ la gente de él.

4. Antonio sabe que él no será famoso _____ algo controvertido.

5. Antonio fue de compras y compró ropa nueva _____ su primer cheque.

6-26 Seré famosa. Marta sueña con ser una actriz famosa y triunfar en Hollywood. Antes de escuchar la grabación, lee las frases que están a continuación. Luego lee las frases que les siguen. Une las frases de las dos secciones para formar una oración lógica. Después escucha la grabación y comprueba si tus oraciones coinciden con la información que escuchas.

Sección A

1. Aunque mi madre no quiera, _____

2. Cuando estuve de visita en Los Angeles, _____

3. En cuanto sea famosa, _____

4. Tan pronto como empiece el semestre, _____

5. Seré famosa algún día, _____

Sección B

a. buscaré información sobre clases de actuación.

b. tomaré la clase de teatro.

c. con tal de que me sacrifique y trabaje mucho.

d. con tal de que trabaje con personas famosas.

e. vi a Antonio Banderas en un restaurante.

f. conocí a un productor famoso.

g. haré una película con Antonio Banderas.

h. los fotógrafos me perseguirán.

i. yo estudiaré actuación.

j. me iré a vivir a Hollywood.

6-27 Nunca serás famosa. Ya sabes que Marta sueña con ser una actriz famosa. Su amiga Elena, que también quiere ser actriz, es muy egoísta y sólo le dice cosas negativas. Durante la pausa elige cuál de los siguientes verbos completa la oración lógicamente. Debes conjugar el verbo que elijas en la persona y el tiempo correcto.

1. a. pagar   b. encontrar   _____

2. a. encontrar   b. buscar   _____

3. a. ir   b. ver   _____

4. a. trabajar   b. querer   _____

5. a. actuar   b. hacer   _____

SEGUNDA PARTE

¡Así lo decimos! VOCABULARIO

6-28 ¿Qué significa esta palabra? Marta está muy enfadada con Elena y deciden hacer una prueba para ver quién sabe más del mundo del espectáculo. A continuación escucharás definiciones que corresponden a las siguientes palabras de la sección *¡Así lo decimos!* Lee la lista de palabras y después de escuchar las definiciones, decide qué palabra corresponde a cada definición.

a. el/la ganador/a   c. el boleto   e. las palomitas de maíz   g. el conjunto

b. el/la dramaturgo/a   d. aplaudir   f. el/la locutor/a

1. _____

2. _____

3. _____

4. _____

5. _____

6. _____

7. _____

6-29 La audición. Marta fue a una audición pero desgraciadamente no le fue muy bien. Escucha la siguiente grabación donde Marta nos cuenta su experiencia y después completa el párrafo con una de las palabras de la sección *¡Así lo decimos!*

Fue un día terrible. Para empezar, (1)_____ con música no se pudo hacer porque el conjunto no había llegado. Otro problema fue que (2)_____ estaba oscuro y por eso ella no podía leer el libreto. Se puso nerviosa y el director le dio unos minutos para ensayar. Lo peor de todo es que (3)_____ era el padre de su ex novio. La pobre de Marta probablemente no estará en (4)_____ de esta obra. (5)_____ fue un desastre.

¡Así lo hacemos! ESTRUCTURAS

2. Commands (formal and informal)

6-30 Haz lo que te digo. Pedro, el agente de Antonio, tiene otro cliente. En la siguiente grabación escucharás a Pedro darle consejos a su nuevo cliente. Escucha la grabación cuantas veces sea necesario y luego cambia los consejos a mandatos informales.

MODELO: **Tú escuchas:**   No debes hablar de tu vida personal cuando te entrevisten.
Tú escribes: No hables

1. _____
2. _____
3. _____
4. _____
5. No_____

6-31 ¿Qué dijo? En la siguiente grabación escucharás al director de una obra de teatro darle instrucciones a su empleado. El empleado no puede oír muy bien y el director tiene que repetirle lo que dice. Cuando escuches la pausa, usa el mandato formal para expresar lo que el director le dijo al empleado.

1. _____ al conjunto.
2. _____ que el contrato diga que sólo pagaremos quinientos dólares.
3. No _____ ruido.
4. _____ a los actores que lleguen temprano.
5. No _____ nada.
6. _____ al médico.

6-32 No me pregunten más. Imagínate que eres el director de una obra de teatro y estás preparando un espectáculo. Tu hijo está contigo y los músicos del conjunto también. Todos te hacen preguntas. Al final de cada pregunta escucharás una pausa. Durante la pausa contesta las preguntas que te hacen usando mandatos formales o informales y los pronombres de objeto directo o indirecto donde sea necesario.

MODELO: **Tú escuchas:** Papá, ¿puedo usar la flauta?
Tú escribes: No, no la uses.

1. Sí, _____.

2. _____ en el escenario.

3. No, no _____ en el escenario.

4. Sí, _____ en mi oficina.

5. _____ música clásica.

6. No, no _____.

7. No, no _____ hasta que terminen.

3. The subjunctive with *ojalá*, *tal vez*, and *quizá(s)*

6-33 El estreno de mi película. En la siguiente grabación escucharás a Antonio hablar sobre el estreno de su película. Escucha la grabación cuantas veces sea necesario y luego identifica cuáles de las siguientes tres expresiones, *ojalá*, *quizá(s)* o *tal vez*, necesitas para completar el siguiente párrafo.

(1)_____ mucha gente vaya a verla. (2)_____ la película le guste a la gente. (3)_____ los subtítulos ayuden al público americano a entender la película. (4)_____ la película tenga éxito. Con el éxito de esta película (5)_____ Hollywood le dé otras oportunidades de actuación a Antonio.

6-34 Ojalá pueda. Felipe se está preparando para ir a ver una obra de teatro. En la siguiente grabación su amigo Roberto le hace unas preguntas. Después de cada pregunta escucharás una pausa. Durante la pausa rellena los espacios en blanco con el verbo adecuado y una de las siguientes expresiones: *ojalá, quizá(s)* o *tal vez*.

MODELO: **Tú escuchas:**   ¿Cuánto cuestan los boletos para el teatro?
             Tú escribes: Ojalá cuesten poco dinero.

1. _____ el sábado.

2. Todavía no, _____ el día de la obra.

3. _____ a Rosario.

4. No, _____ el de mi hermano.

6-35 Quizás sea famosa. Marisela quiere ser famosa. Escucha las siguientes frases cuantas veces sea necesario. Luego cambia cada una de las frases utilizando una expresión como *ojalá, tal vez* o *quizá(s)*, según se indique. ¡Cuidado! Algunas veces la expresión irá al final de la oración.

MODELO: **Tú escuchas:**   Mi madre quiere que yo estudie actuación.
             Tú escribes: (Ojalá) Ojalá mi madre quiera que yo estudie actuación.

1. (Ojalá) _____.

2. (Tal vez) _____.

3. _____ (quizás).

4. (Ojalá) _____.

5. (Quizás) _____.

CONEXIONES

6-36 ¿Qué pasó con Jennifer Lopez? Vuelve a la página 199 del texto y lee el artículo sobre Jennifer Lopez. Luego escucha la grabación y contesta las preguntas con oraciones completas.

1. _____

2. _____

3. _____

4. _____

Workbook
La diversidad humana

PRIMERA PARTE

¡Así lo decimos! VOCABULARIO

7-1 La discriminación sexual. Se ha publicado un artículo en el periódico sobre la discriminación sexual de la mujer en el trabajo. Completa el artículo con estas palabras de *¡Así lo decimos!*

aceptar	criar	mayoría
adelantos	ejercer	se respeten
ámbito	es imprescindible que	se hallan

Hoy en día, la (1)_____ de las mujeres en los grandes centros urbanos

quieren (2)_____ una carrera además de tener una familia. A pesar de

todos los (3)_____ de la mujer en cuanto a su papel en el

(4)_____ profesional, todavía no se ha logrado eliminar la

discriminación sexual en el lugar de trabajo. Además, muchas mujeres opinan que el deseo de seguir

una carrera y también (5)_____ a sus hijos les crea mucho estrés

porque las mujeres profesionales normalmente (6)_____ en un trabajo

con un horario inflexible que no les permite pasar tiempo con los niños. Muchas de ellas

simplemente (7)_____ esta situación por temor a ser despedidas

(*fired*). (8)_____ se establezcan reglamentos para que ambos sexos

(9)_____ en el lugar del trabajo y así crear un ambiente positivo y,

por lo tanto, más productivo.

7-2 Un código de igualdad. Muchas compañías tienen un código que asegura el trato equitativo de todos sus empleados. Completa el siguiente boletín de información para nuevos empleados de la compañía Rodotec con estas palabras de *¡Así lo decimos!*

acoso sexual	prohibido	todos
minoría	queremos señalar que	valoradas
piropea	respetarse	

En esta compañía, la mujer ya no es (1)_____. Aquí hay tantas

mujeres como hombres. Aquí tenemos una política muy fuerte contra el

(2)_____. Además, es un delito en todos los estados, por lo tanto no

será tolerado. Si un empleado (3)_____ a una compañera de trabajo o

hace cualquier referencia a su aspecto físico será suspendido. Este tipo de comentario está

absolutamente (4)_____ en esta compañía. Las empleadas deben

sentirse cómodas y (5)_____ en su trabajo.

(6)_____ para nuestra compañía es muy importante establecer y

mantener una relación de trabajo productiva y cordial entre los empleados de ambos sexos. `

(7)_____ nuestros empleados deben

(8)_____ y tratarse con profesionalismo.

¡Así lo hacemos! ESTRUCTURAS

1. Review preterit and imperfect

7-3   La historia de mi éxito. Laura Mosquera es una mujer latina de éxito. Lee la historia de su éxito profesional y completa la narración con el pretérito o el imperfecto de los verbos en paréntesis.

Laura Mosquera (1)_____ (trabajar) en la sección de recursos

humanos de una pequeña sucursal de una multinacional, pero su sueño

(2)_____ (ser) conseguir un trabajo en la oficina central de Nueva

York. Cuando el vicepresidente de mercadeo y el director general de relaciones públicas de Nueva

York (3)_____ (decidir) hacerle una visita a la planta en la que

trabajaba Laura, ella se (4)_____ (ofrecer) a ser su «guía turística».

Aquélla (5)_____ (resultar) ser la oportunidad que ella

(6)_____ (estar) esperando. Mientras les

(7)_____ (enseñar) la planta, los dos hombres le

(8)_____ (preguntar) a Laura por su trabajo. Ellos

(9)_____ (querer) saber cuáles eran sus aspiraciones. Ella les

(10)_____ (decir) que le (11)_____

(apasionar) la idea de trabajar en la oficina central de Nueva York. Ellos

(12)_____ (quedar) tan impresionados con la motivación de Laura y

la pasión por su trabajo que un año más tarde le (13)_____ (hacer)

una oferta a Laura que no (14)_____ (poder) rechazar. Obviamente,

Laura (15)_____ (aceptar) y ahora es la directora de relaciones

multiculturales de la compañía en Nueva York.

2. *Hacer* and *desde* in time expressions

7-4 Un currículum vitae. Mara ha leído la historia de Laura y se siente inspirada por su éxito. Ahora Mara está preparando su currículum vitae porque quiere solicitar el puesto de jefe del departamento de ciencias de su universidad. Escribe oraciones completas para expresar cuánto tiempo hace que ella hizo estas cosas.

MODELO: graduarse de la escuela secundaria / 28 años
        Me gradué de la escuela secundaria hace 28 años.

1. cursar la carrera universitaria en biología / 24 años

   _____

2. sacar el doctorado en biología celular / 18 años

   _____

3. trabajar como investigadora en un laboratorio universitario / 15 años

   _____

4. aceptar el puesto como profesora en la Universidad Autónoma / 13 años

   _____

5. hacer un estudio esclarecedor sobre el cáncer / 8 años

   _____

6. ganar el Premio Nacional de Ciencias / 7 años

   _____

7. escribir un libro de biología / 6 meses

   _____

8. publicar un artículo sobre mis investigaciones más recientes / 3 semanas

   _____

7-5   Una mujer triunfadora. Completa el párrafo en el que Maricarmen explica su triunfo educativo con las expresiones de tiempo apropiadas.

Ahora soy una mujer realizada, con un buen trabajo, pero (1)_____

sólo unos meses que mi vida es tan satisfactoria. (2)_____ quince

años dejé de asistir a la escuela secundaria porque (3)_____ mucho

tiempo que sacaba muy malas notas y me sentía muy frustrada. Es que yo había estado en la escuela

(4)_____ los cinco años de edad pero todavía no sabía leer. Entonces

dejé la escuela y me puse a trabajar en una fábrica. (5)_____ cinco

años que trabajaba allí cuando mi supervisora me preguntó por qué no había completado mis

estudios en la secundaria. Yo le expliqué que no sabía leer y ella me recomendó un programa de

alfabetización. Lo pensé durante mucho tiempo y (6)_____ diez años

me inscribí en el curso. (7)_____ varios meses que ya sabía leer y

escribir cuando decidí volver a la escuela. Por fin saqué mi título

(8)_____ seis años. Luego empecé los estudios universitarios; me

gradué con un bachillerato en educación elemental (9)_____ un año.

Trabajo como profesora de escuela primaria (10)_____ septiembre.

Desde (11)_____ unas semanas participo en un proyecto para

combatir el analfabetismo entre las mujeres de nuestra comunidad. ¡Ojalá que pueda ayudar al

menos a una mujer a alcanzar sus metas!

7-6 **Una promoción.** Claudia acaba de ser ascendida al puesto de vicepresidenta de su compañía, y una compañera de trabajo le pregunta sobre su experiencia profesional. Contesta las preguntas con oraciones completas.

1. ¿Cuánto tiempo hace que trabajas en esta profesión? (10 años)

   _____

2. ¿Desde qué año estás con esta compañía? (1992)

   _____

3. ¿Cuánto tiempo hacía que tenías el cargo de supervisora de producción? (7 años)

   _____

4. ¿Cuántos años hace que te promovieron a directora de personal? (4 años)

   _____

5. ¿Desde cuándo eres vicepresidenta de la compañía? (octubre)

   _____

SEGUNDA PARTE

¡Así lo decimos! VOCABULARIO

7-7 Una organización por los derechos civiles. T.O.D.O.S. es una organización cuyo propósito es eliminar todo tipo de discriminación en las asociaciones y organizaciones estatales y nacionales que utilizan fondos públicos. Completa este discurso del presidente de T.O.D.O.S. con estas palabras de *¡Así lo decimos!*

etnicidad	más que nada	promover
insultos	prevenir	respeto
leyes antidiscriminatorias	política	segregacionistas
lo		

Buenas tardes. Quisiera hablarles sobre nuestra organización y sus metas. Puesto que existen

(1)_____ tanto estatales como federales, ninguna organización que

utilice fondos públicos puede discriminar legalmente a sus miembros o a los aspirantes a ser

miembros. El propósito de T.O.D.O.S. es (2)_____ la igualdad en las

asociaciones financiadas en parte por el gobierno. Todos los miembros deben gozar de los mismos

privilegios y oportunidades que ofrece la asociación y todos los aspirantes a ser miembros deben

tener el mismo acceso a la organización. Nuestra meta es eliminar la discriminación por edad,

orientación sexual, religión o (3)_____ en estas organizaciones y

asegurar el (4)_____ a los derechos civiles de todos los ciudadanos.

También es nuestro propósito (5)_____ que se formen nuevas

asociaciones que utilicen fondos públicos y que mantengan políticas y prácticas discriminatorias.

Nosotros consideramos cualquier tipo de discriminación un (6)_____

a la dignidad humana. Por eso debemos asegurarnos de que todas las organizaciones que cuentan

con fondos públicos establezcan una estricta (7)_____

antidiscriminatoria y la hagan cumplir. No podemos tolerar que las asociaciones

(8)_____ continúen recibiendo dinero que proviene de nuestros impuestos. También tenemos que alertar a las empresas que hacen donaciones a estas organizaciones. A las organizaciones les importa mucho su imagen ante el público, por eso, (9)_____, lo que tenemos que hacer es enterar a la ciudadanía que apoya con su dinero a estas organizaciones sin saber que éstas discriminan a mucha gente. ¡Es importante evitar la discriminación en las organizaciones que reciben fondos públicos, pero (10)_____ más importante es prevenirla!

7-8 A nivel mundial. Completa el discurso de la embajadora Alicia Oviedo, presidenta del grupo internacional IGUALDAD, con estas palabras de *¡Así lo decimos!*

> etnicidad   odian   promedio
> maltrato   odio   promover
> negar   orientación sexual respeto
> ni siquiera   prevenir

Buenos días. Es un placer hablarles esta mañana.

Aunque muchos no lo crean o lo quieran (1)_____, todavía hay

personas en el mundo que (2)_____ a todos aquellos que no son

como ellos. Todos los días vemos o escuchamos en las noticias crímenes brutales cometidos por

causa de alguna forma de discriminación. Estamos en el siglo XXI y todavía es altísimo el

(3)_____ de la población mundial que discrimina en base al género, la

raza o el país de origen, la religión y la (4)_____ de otras personas.

Lo más terrible es que la discriminación muchas veces lleva al

(5)_____ psicológico, emocional y también físico de millones de seres

humanos en el planeta. Es monstruoso que sólo la (6)_____ de una

persona o el color de su piel puedan determinar en muchos casos su calidad de vida así como su

salud mental y hasta física. Si tomamos en cuenta la historia de la humanidad, es una vergüenza que

apenas en las últimas dos décadas se haya comenzado a hacer un esfuerzo a nivel global para

(7)_____ y eliminar toda forma de discriminación en el mundo. Pero

aunque hemos logrado mucho, (8)_____ hemos tocado la superficie:

aún queda mucho por hacer.

Hoy en día, afortunadamente, hay organizaciones como las Naciones Unidas y cientos de

organizaciones nacionales e internacionales que trabajan arduamente para

(9)_____ la creación y la implementación de leyes y políticas contra la discriminación en todos los países del mundo. IGUALDAD se une a su esfuerzo, pero, además de apoyar a las víctimas, también nos enfocamos en educar y cambiar, de manera pacífica, las actitudes de las personas que discriminan. Estamos convencidos de que las personas que discriminan a otras no saben que también son víctimas de sí mismas. ¡Vivir con un sentimiento de

(10)_____ hacia otros seres humanos es algo horrible! Tenemos que hacer que estas personas se den cuenta de esto. ¡Con el apoyo de ustedes podremos llegar más lejos! Muchas gracias por su atención.

¡Así lo hacemos! ESTRUCTURAS

3. *Por* and *para*

7-9 Una denuncia. Pablo Martínez ha interpuesto una demanda contra su antigua compañía. Completa el diálogo entre su abogado y el gerente de la empresa con *por* o *para,* según el contexto.

ABOGADO: Sr. Iglesias, mi cliente, Pablo Martínez, trabajó

(1)_____ su compañía

(2)_____ cinco años pero

(3)_____ fin renunció a su puesto porque Ud. le negó un

ascenso (promotion) (4)_____ razones discriminatorias.

Él me contrató (5)_____ ayudarle a negociar con su

compañía una compensación (6)_____ esta injusticia.

SR. IGLESIAS: ¡(7)_____ Dios! A su cliente no le dimos el ascenso

porque tenía muy poca experiencia. Necesitábamos una persona

(8)_____ el departamento de ventas multinacionales, y

(9)_____ eso elegimos a un empleado con muchos años

de experiencia práctica. La persona que obtuvo el ascenso ha trabajado con nosotros

(10)_____ más tiempo que su cliente, y era un

candidato más adecuado (11)_____ sus años de servicio.

ABOGADO: Bueno, (12)_____ lo visto hubo otros incidentes que

sugieren una actitud discriminatoria. (13)_____

ejemplo, mi cliente dice que Ud. hizo varios comentarios en la oficina que

(14)_____ muchos de sus colegas fueron ofensivos.

Además, Ud. recomendó un aumento de sueldo

(15)_____ algunos empleados, pero los empleados que

pertenecen a grupos minoritarios no recibieron nada.

SR. IGLESIAS: Esos comentarios que hice fueron mal interpretados

(16)_____ mis colegas; no quise ofender a nadie. Y con

respecto al aumento de sueldo, yo estaba (17)_____

dárselo a todos, pero el presidente de la compañía me mandó un mensaje

(18)_____ correo electrónico

(19)_____ decirme que sólo había suficiente dinero

(20)_____ el 20% de los empleados.

(21)_____ supuesto que les di un aumento a los que en

mi opinión se lo merecían.

ABOGADO: Me parece que (22)_____ ahora no vamos a llegar a

ningún acuerdo. Es mejor que resolvamos este problema en los juzgados.

7-10 Una celebración de diversidad. Alfonso es el organizador de una feria para celebrar la diversidad étnica en su universidad. Completa la lista de cosas que tiene que hacer con *por* o *para*, según el contexto.

1. Tengo que ir al mercado latinoamericano _____ comprar la comida que vamos a servir.

2. Debo buscar un conjunto de música africana _____ que toque durante la recepción.

3. Necesito pagar a los artistas italianos _____ los carteles que diseñaron.

4. Es urgente que pongamos el tablón _____ los bailarines de flamenco porque van a ensayar mañana.

5. _____ la tarde voy a hablar con los músicos japoneses sobre las piezas que van a tocar.

6. Tengo que ir a la facultad de arte _____ unas horas porque quiero pedirle a una pintora boliviana que participe en nuestra exposición de arte internacional.

7. ¡Ojalá que lleguen a tiempo los videos de las películas francesas que el director me mandó _____ correo!

8. Estoy preparado _____ entrevistar mañana a nuestro invitado especial, el famoso político ruso.

9. Ahora salgo _____ el departamento de historia porque necesito hablar con el profesor que va a contar leyendas mexicanas en la feria.

10. ¡Todo esto tiene que estar hecho _____ mañana!

7-11 Quejas al rector. Gladys es una estudiante discapacitada (*handicapped*) física y está escribiéndole una carta al rector en la que se queja de una injusticia hacia los estudiantes discapacitados de su universidad. Une las oraciones de la primera y la segunda listas con *por* o *para*, según el contexto. Luego escribe las oraciones completas.

1. La universidad hace muy poco _____

2. Yo padezco distrofia muscular, pero _____

3. Es muy difícil ir a nuestras clases porque la universidad fue diseñada

   _____

4. Hay muchos obstáculos. No todos los edificios tienen puertas automáticas,

   _____

5. Me cuesta mucho trabajo entrar _____

6. Ayer tuve que esperar una hora entera hasta que llegó el técnico

   _____

7. Es imposible llegar a clase a tiempo si hay que pasar _____

8. Es urgente que Ud. corrija esta situación _____

Por / Para

a. reparar el ascensor que está en la Facultad de Letras.
b. todos estos obstáculos.
c. los estudiantes con discapacitación física.
d. una mujer que está en silla de ruedas normalmente no tengo problemas de acceso en lugares públicos.
e. que todos los estudiantes de la universidad tengan los mismos derechos y oportunidades.
f. arquitectos que no consideraron las necesidades de todos.
g. ejemplo.
h. una puerta no automática.

1. _____
2. _____
3. _____
4. _____
5. _____
6. _____
7. _____
8. _____

4. Verbs that require a preposition before an infinitive

7-12 La civilización hispánica. Tu hermana Irene te habla de un área de estudio que le interesa. Completa el párrafo con las preposiciones apropiadas.

El año pasado empecé (1)_____ estudiar la civilización hispánica. Me

alegro (2)_____ haber tomado cursos sobre este tema porque los

profesores me han enseñado (3)_____ entender otras culturas. Me

parece fascinante pensar (4)_____ la gran diversidad cultural del

mundo hispánico. Los profesores insisten (5)_____ que los

estudiantes hagan trabajos de investigación sobre los grupos indígenas de América. El estudio de

estas civilizaciones nos ayuda (6)_____ entender la sociedad moderna.

Nunca me canso (7)_____ leer libros sobre los grandes imperios

precolombinos. Sueño (8)_____ visitar un día las ruinas

arqueológicas. Mis compañeros de clase y yo quedamos (9)_____

hacer un viaje a México cuando nos graduemos para ver las antiguas ciudades aztecas y mayas.

7-13 Una imagen negativa. Pati, tu vecina, es una mujer que se preocupa por la educación que sus hijos reciben a través de la televisión. Completa la carta en la que Pati se queja del contenido de un programa de televisión. Usa verbos de la lista y las preposiciones apropiadas.

acabamos	empiecen	me arrepiento
contamos	enseñan	piensan
dejar	estoy cansada	se atreven

Estimados señores:

Mis hijos y yo (1)_____ ver un episodio de su serie de televisión y

ahora (2)_____ haber permitido que mis niños lo vieran porque la

representación de los personajes femeninos me pareció insultante. ¿Cómo

(3)_____ presentar una cosa tan degradante?

(4)_____ ver imágenes negativas de las mujeres en la televisión. Estas

imágenes son peligrosas porque nos (5)_____ formar estereotipos de

la mujer. Los que tenemos hijos (6)_____ los medios de comunicación

para retratar a las mujeres de manera positiva y así evitar que nuestros niños acepten los

estereotipos. Uds. deben (7)_____ producir programas que presenten

una idea negativa de la mujer. ¿Por qué no (8)_____ crear una serie

que tenga protagonistas femeninas admirables para que nuestros hijos

(9)_____ borrar estas imágenes despectivas?

7-14 Los orígenes. Alberto ha averiguado (*found out*) que tiene raíces genealógicas en Japón y va a hacer un viaje para investigar sus antepasados. El investigador privado que contrató le da una serie de consejos para este viaje. Usa mandatos formales de verbos lógicos y las preposiciones necesarias.

> acordarse   contar   insistir   pensar
> aprender   dejar   invitar   tardar

1. ¡ _____ llevar la cámara de video cuando vaya a Japón!

2. La investigación va a ser muy difícil, pero aunque esté muy cansado, no _____ buscar información sobre sus antepasados.

3. Si necesita ayuda, _____ el apoyo de la sociedad genealógica.

4. Antes del viaje, _____ algunas preguntas para hacerles a sus parientes en Japón.

5. Si averigua algo importante, no _____ mucho tiempo _____ apuntarlo para que no se le olvide.

6. _____ que los bibliotecarios le permitan mirar los documentos antiguos.

7. _____ decir algunas expresiones en japonés para facilitar la comunicación.

8. _____ sus parientes a que vengan a visitarle.

CONEXIONES
Páginas

7-15 Antes de leer. Estudia el siguiente vocabulario que encontrarás en la lectura. Después, haz la actividad.

Vocabulario clave			
aspirante	*applicant*	guardar	*to keep*
contra	*against*	merecer	*to deserve*
destreza	*skill*	pérdida	*loss*
edad	*age*	recurso	*source*
empresas	*big companies or corporations*	tarea	*task*
en términos de	*in terms of*	voluntad	*will*

Ahora agrupa las siguientes palabras según creas que son positivas o negativas en el contexto del mundo del trabajo.

condescendencia	destreza	experiencia	pérdidas	valor
conocimiento	discriminación	inexperiencia	rechazo	voluntad
creatividad	empleados jóvenes	mérito	tener edad avanzada	

Positivas	**Negativas**

Contesta las siguientes preguntas.

1. ¿Has trabajado alguna vez? ¿Dónde? ¿En qué consistía tu trabajo?

_____

_____

_____

2. ¿Eran de tu misma edad tus compañeros de trabajo?

_____

_____

_____

3. ¿Has trabajado alguna vez con personas mayores, de la tercera edad? ¿Cómo fue tu experiencia?

_____

_____

_____

4. Imagina que eres un empresario. Piensa en las palabras de la lista anterior. ¿Qué palabras atribuirías como cualidades positivas en un trabajador (una trabajadora) mayor? ¿Cuáles serían las ventajas de contratar a una persona de edad avanzada?

_____

_____

_____

_____

_____

_____

Por ellos también es por nosotros

Según los estudios más recientes, cada día hay menos voluntad, por parte de las compañías, de emplear a personas mayores y de tratar a sus empleados de más edad como lo merecen. A pesar de que estas personas tienen más experiencia que los empleados más jóvenes, casi siempre son tratados por sus colegas y superiores de manera condescendiente. Cada día miles de empresas y pequeños negocios de la nación violan las leyes que protegen los derechos civiles de estos ciudadanos. Sin embargo, la discriminación por edad no parece importarle tanto a la gente como la violación de otros derechos civiles. Las empresas parecen no darse cuenta de que discriminar contra un recurso tan valioso como un empleado de la tercera edad representa una de las pérdidas más significativas de la nación en términos de conocimiento, experiencia, creatividad y buenos hábitos de trabajo. Estas empresas pierden por rechazar a aspirantes de edad avanzada o simplemente por asignarles tareas mecánicas o de poca importancia para la empresa.

Los empleados mayores tienen mucho que ofrecer. Es hora de que tomemos conciencia del impacto de este tipo de discriminación, que, irónicamente, no discrimina porque todos seremos viejos algún día. Tenemos que asegurar que tanto los aspirantes a un empleo como los empleados de edad avanzada reciban el apoyo de la ciudadanía. ¡Todos se lo debemos por sus valiosas contribuciones! Si no lo hacemos, sería como guardar en el garaje un precioso *Mustang* del año 1964 bajo un plástico protector... tan sólo para mostrarlo de vez en cuando por su estilo y los recuerdos que nos trae.

7-17 Después de leer. Contesta las preguntas sobre el artículo.

1. Según el artículo, ¿se debe emplear a personas mayores? ¿Por qué?

   _____

   _____

2. ¿Qué tipo de responsabilidades o tareas se les debe dar a las personas mayores que trabajan en una empresa?

   _____

   _____

3. ¿Qué desventajas hay al no contratar a una persona mayor o al darle tareas mecánicas y/o de poca importancia?

   _____

   _____

4. En tu opinión, ¿qué debe hacerse para prevenir la discriminación por edad en el trabajo?

   _____

   _____

TALLER

7-18 Antes de escribir. La discriminación puede tomar formas obvias o sutiles. Piensa en un caso de discriminación no muy evidente. Puede ser una actitud o manera de pensar en vez de una acción discriminatoria. Apunta los detalles del caso. ¿Cómo se sabe que se trata de discriminación y no sólo de un malentendido? ¿Cómo podrías probar el caso?

7-19 A escribir. Escribe una composición en la que denuncies el caso de discriminación. Explica la base de la intolerancia, los detalles de la injusticia y las pruebas que confirman la causa del trato. Usa las estructuras gramaticales que has aprendido en esta lección.

7-20 Después de escribir. Presenta tu caso en la clase. Luego pídeles a tus compañeros ideas y sugerencias para prevenir que algo así ocurra otra vez.

Lab Manual
La diversidad humana

PRIMERA PARTE

¡Así lo decimos! VOCABULARIO

7-21 El trabajo de mi hermana. Adriana está indignada ante la situación laboral de su hermana. En la siguiente grabación escucharás una narración. Escucha la grabación y luego completa las oraciones con una de las palabras de la sección *¡Así lo decimos!*

En la compañía donde trabajó mi hermana (1)_____ de las mujeres

tenían problemas. Había muchos problemas debido al (2)_____. Todos

los días (3)_____ acosaban a las mujeres aunque la compañía decía que

(4)_____ esto. No se debe (5)_____ en

el ámbito del trabajo. En este momento la compañía (6)_____ en un

gran problema.

7-22 ¿Sabes cuál es la palabra? Adriana llama a una amiga y le cuenta lo que pasó en la compañía donde trabajaba su hermana, pero hay interferencias y no se escucha la información completa. Escucha la siguiente grabación cuantas veces sea necesario. Debes decidir cuál de las siguientes palabras completa lógicamente las oraciones que escuchaste.

criar	el investigador	los prejuicios	se negó
cuidaron	el jefe	protegida	valorado
dijo	los piropos		

1. _____

2. _____

3. _____

4. _____

5. _____

¡Así lo hacemos! ESTRUCTURAS

1. Review preterit and imperfect

7-23 Un problema de acoso sexual. Adriana decide mandar una carta al periódico para alertar a las autoridades sobre el problema de acoso sexual en el trabajo. En la siguiente grabación vas a escuchar una narración. Primero rellena el siguiente párrafo conjugando los verbos de la lista en el pretérito o en el imperfecto. Después escucha la grabación para verificar tus respuestas.

acosar	hablar	ir	sentirse
dejar	humillar	prohibir	ser

Hace un mes mi hermana Claudia (1)_____ de trabajar para una

compañía donde (2)_____ víctima de acoso sexual por mucho

tiempo. Ella (3)_____ con su jefe y él le dijo que

(4)_____ a hacer algo para parar este comportamiento.

Aunque el jefe habló con los empleados y les (5)_____ decir

piropos, el acoso continuó. Los varones (6)_____ y

(7)_____ a mi hermana constantemente. Mi pobre hermana

(8)_____ mal todo el tiempo y por eso dejó su trabajo. Hace una

semana fue a ver a un abogado y ella demandará a la compañía por todo el daño emocional que

sufrió. Ojalá gane el juicio.

2. *Hacer* and *desde* in time expressions

7-24 Con mi abogado. Imagínate que eres Claudia, la mujer que sufrió acoso sexual y vas a entrevistarte con tu abogado. En la siguiente grabación escucharás una serie de preguntas que te hará tu abogado. Al final de cada pregunta escucharás una pausa. Durante la pausa contesta las siguientes preguntas usando una expresión de tiempo. Recuerda que tú eres Claudia y debes conjugar el verbo en la primera persona del presente o del pasado según la pregunta.

MODELO: **Tú escuchas:**   ¿Cuánto tiempo hace que la humillaron en su trabajo?
           Tú escribes: Hace dos meses que me humillaron en mi trabajo.

O:

           Tú escuchas: ¿Desde cuando la humillan en su trabajo?
           Tú escribes: Me humillan desde hace cinco meses.

1. _____ (dos meses)

2. _____ (cinco meses)

3. _____ (dos meses)

4. _____ (un mes)

7-25 Preguntas al jefe. Imagínate que eres el abogado de Claudia, la mujer del ejercicio anterior. Tú le haces una serie de preguntas a su jefe para así saber más sobre el caso. Primero lee las palabras a continuación y después ponlas en orden para escribir oraciones con sentido. Luego, escucha la grabación para verificarlas.

MODELO: **Tú lees:**   tiempo / que / ¿cuánto / se enteró / problema? / hace / del
           Tú escribes: ¿Cuánto tiempo hace que se enteró del problema?

1. conoce /¿desde / a / Claudia? / cuándo / usted

_____

2. hace / que / su problema? / ¿cuánto / ella / tiempo / le contó

_____

3. no habla / cuándo / ella? / con / ¿desde

_____

4. usted / esta / hace / es / ¿cuánto / que / el jefe / tiempo / de / compañía?

_____

7-26 Preguntas personales. Claudia decide salir una noche contigo para olvidarse de sus problemas. A continuación escucharás una serie de preguntas personales que ella te hace. Después de cada pregunta escucharás una pausa. Después de la pausa contesta la pregunta con una oración completa y lógica usando expresiones de tiempo.

1. _____
2. _____
3. _____
4. _____
5. _____

SEGUNDA PARTE

¡Así lo decimos! VOCABULARIO

7-27 La discriminación en el siglo XXI. En la tele ves un reportaje sobre la discriminación. A continuación escucharás una narración. Escucha la grabación cuantas veces sea necesario y luego completa el párrafo con la palabra apropiada.

1. Existe gente que odia a todos aquéllos cuya _____ es diferente.

2. La discriminación más obvia es a causa de _____.

3. Es bueno que existan _____.

4. Las víctimas de discriminación son _____.

5. A veces las víctimas también son _____.

6. Debemos hacer algo para promover la aceptación y así _____ los abusos.

7-28 ¿Sabes cuál es la palabra? Escucha la grabación cuantas veces sea necesario. Al final de cada oración escucharás una pausa. Durante esta pausa determina qué palabra de la lista debes usar para completar cada oración.

género	negación	odio	preventivo
insulto	negar	política	segregacionista
maltrato	odiado		

1. _____
2. _____
3. _____
4. _____
5. _____

¡Así lo hacemos! ESTRUCTURAS

3. *Por* and *para*

7-29 Las mujeres. En la radio escuchas un discurso de una feminista hablando sobre el lugar de la mujer en el mundo laboral. A continuación escucharás los puntos más importantes de su discurso. Escucha la grabación cuantas veces sea necesario y escribe la preposición que escuchaste en cada oración. Después explica por qué se usa esa preposición. Usa como referencia las explicaciones de *por* o *para* del texto.

> MODELO: **Tú escuchas:**   Esa ley fue escrita por un hombre.
> **Tú escribes:**   por [*an agent in a passive statement*]

1. _____
2. _____
3. _____
4. _____
5. _____

7-30 Una emergencia. Lorena llamó ayer a su hermana Mariana para contarle algo importante. En la siguiente grabación escucharás la conversación entre Lorena y Mariana. Durante la pausa, rellena el espacio en blanco con *por* o *para* y explica por qué.

1. _____
2. _____
3. _____
4. _____
5. _____
6. _____
7. _____
8. _____

7-31 En la manifestación. Antonio y tú estuvieron en una manifestación. A continuación escucharás una serie de frases incompletas sobre lo que ocurrió en la manifestación. Debes identificar cuál de las siguientes expresiones idiomáticas completa lógicamente la oración.

por ahí	por favor	por si acaso
por Dios	por fin	por supuesto
por eso	por poco	por último

1. _____

2. _____

3. _____

4. _____

5. _____

4. Verbs that require a preposition before an infinitive

7-32 No más televisión. El hijo de Luisa es adicto a la televisión y ella decide que tiene que hacer algo para controlarlo. En la siguiente grabación Luisa nos dice lo qué hará. Rellena los espacios en blanco con el verbo y la preposición que escuchaste en la grabación. Debes conjugar el verbo en el futuro.

MODELO: **Tú escuchas:**   Voy a llegar a casa más temprano para estar más tiempo con mi hijo.
           Tú escribes: Luisa llegará a casa más temprano para estar más tiempo con su hijo.

1. Luisa _____ limitarle el tiempo de ver la televisión a sólo dos horas por día.

2. Luisa lo _____ ver sólo muñequitos.

3. El hijo de Luisa no _____ su cuarto a ver televisión.

4. El hijo de Luisa _____ jugar con sus juguetes y a no ver tanta televisión.

5. Luisa _____ ejecutar su plan «no más televisión» esta semana.

7-33 Los programas de televisión. En la siguiente grabación Rodrigo nos da su opinión sobre los programas de televisión basados en la realidad. Primero, lee el siguiente párrafo y rellena los espacios en blanco con uno de los siguientes verbos y preposiciones. Luego, escucha la grabación para verificar tus respuestas.

enseñé a	fui a	me arrepiento de	me olvido de
estoy cansado de	me acuerdo de	me avergüenzo de	salgo a
estoy seguro de	me alegro de	me jacto de	volveré a

(1)_____ ver programas basados en la realidad.

(2)_____ que las personas están actuando y lo que vemos no es la

realidad. Los programas de televisión americanos son vistos en muchos países del mundo. A veces

(3)_____ la imagen que mostramos a través de nuestros programas.

Hace mucho tiempo yo (4)_____ un programa que se llamaba, *¿Quieres

conocer a una chica millonaria?* Por supuesto que hoy (5)_____ haber

participado en un programa así, y (6)_____ no haber ganado. Nunca

(7)_____ participar en ningún programa de televisión a menos que

sea una serie dramática o un programa cultural.

7-34 Lo que hice la semana pasada. Rodrigo tuvo una semana muy completa, pero no se acuerda bien de lo que hizo cada día. Ayúdalo. A continuación escucharás una serie de verbos seguidos de las preposiciones *por, a* o *de.* Escucha la grabación cuantas veces sea necesario y luego, usa cada verbo y escribe una oración diciendo lo que hiciste la semana pasada. Debes conjugar el verbo en el pretérito.

MODELO: **Tú escuchas:**   invitar a
  Tú escribes: El sábado invité a comer a mi mejor amiga.

1. El lunes _____.

2. El martes _____.

3. El miércoles _____.

4. El jueves _____.

5. El viernes _____.

CONEXIONES

7-35 El anuncio clasificado. A continuación escucharás un anuncio clasificado que salió en la radio. Escucha la grabación cuantas veces sea necesario y luego rellena los espacios en blanco con la información necesaria.

1. Esta persona debe tener conocimientos de _____.

2. Esta persona debe ser del sexo _____.

3. Esta persona debe tener _____ años.

4. Su apariencia física debe ser _____.

5. Esta persona debe tener su propio _____.

Workbook
Las artes culinarias y la nutrición

PRIMERA PARTE

¡Así lo decimos! VOCABULARIO

8-1 Una cena entre amigos. El Sr. Ramírez y unos compañeros están almorzando en un restaurante. Completa la conversación en el restaurante con estas palabras de *¡Así lo decimos!*

aderezo	filete de res	mariscos	picante	verduras
arroz	fresas	papas	poco	vinagre
champiñones	jugo	pasta	salsa	yogur

CAMARERO: Buenas tardes, señores.

SR. RAMÍREZ: Buenas tardes. ¿Qué carne recomienda?

CAMARERO: El (1)_____ es la mejor carne que tenemos. Es muy

tierno y más grande que el bistec.

SR. CARRASCO: ¿Con qué viene el pollo asado?

CAMARERO: Viene con (2)_____ y frijoles negros o con

(3)_____, como guisantes o espinacas. Si Ud. prefiere

se lo traigo con (4)_____ fritas o majadas.

SR. PERALTA: Yo prefiero la pasta con (5)_____ porque me encantan

la langosta, el pescado y los camarones.

SR. RAMÍREZ: ¿Qué (6)_____ tienen para la ensalada?

¿Tienen *ranch*?

CAMARERO: No, lo siento. Sólo tenemos aceite de oliva y (7)_____

para las ensaladas.

SRA. ROMERO: Yo soy vegetariana. ¿Me trae la pasta con (8)_____

de tomate y (9)_____?

CAMARERO: Con mucho gusto, señora.

SRA. ANTÚNEZ: ¡Me encanta la comida (10)_____! Por favor,

tráigame unos chiles rellenos con mucha pimienta.

CAMARERO: Sí, señora. ¿Algo más?

SR. RAMÍREZ: ¿Puede traerme un (11)_____ de sal para la ensalada?

CAMARERO: ¡Por supuesto! ¿Qué quieren beber?

SR. CARRASCO: Todos queremos (12)_____ de frutas.

¡Estamos a dieta!

SRA. ANTÚNEZ: Yo quisiera un (13)_____ de piña de postre.

CAMARERO: Lo siento, señora; se nos ha terminado. Le recomiendo las

(14)_____ con crema. Están muy frescas. Más tarde

vendré para tomar la orden de los postres.

SRA. ANTÚNEZ: Muy bien, gracias. ¡Me encantan los postres!

8-2 Regalos para los novios. María Elena y Andrés van a casarse pronto. Completa la
conversación de sus amigos con estas palabras de *¡Así lo decimos!*

| batidora | cacerolas | cafetera | cuchillos | horno | sacacorchos |

LUIS: Muchachos, me parece que entre todos podemos comprarles varios regalos útiles a
María Elena y a Andrés. ¿Qué creen?

SERAFÍN: Podemos regalarles un (1)_____ microondas.

ANA: Me parece una buena idea. También podemos comprarles un conjunto de

(2)_____ porque van a necesitarlas para hacer sopa,

calentar leche y agua, hacer salsas...

MANUELA: Me parece que ellos necesitan una (3)_____ eléctrica

porque a María Elena le encanta hacer tortas y la necesita para batir el huevo, el azúcar

y la harina. Y como a Andrés le gusta tanto el café, me parece que sería una buena idea

regalarles una (4)_____.

SERAFÍN: Siempre son útiles unos buenos (5)_____ que corten

bien, pues a ambos les encanta la carne.

LUIS: ¡Ah! ¡Y también les gusta mucho el vino! Podemos regalarles un

(6)_____ para abrir las botellas.

MANUELA: ¡Perfecto!

¡Así lo hacemos! ESTRUCTURAS

1. The imperfect subjunctive

8-3 Cuando era niña. Manuela habla de sus hábitos de comer cuando era niña. Completa el párrafo con el imperfecto de subjuntivo de los verbos entre paréntesis.

Cuando era niña, mis padres siempre insistían en que (yo) (1)_____

(seguir) una dieta equilibrada. Mi madre quería que (yo) (2)_____

(comer) verduras aunque no me (3)_____ (gustar). Me molestaba que

mi madre (4)_____ (preparar) espinacas y col; yo prefería que (ella)

nos (5)_____ (servir) ensalada. Siempre esperaba que mi abuela nos

(6)_____ (hacer) una torta para el postre pero mis padres no

permitían que mi hermano y yo (7)_____ (consumir) muchos dulces.

Ellos siempre nos decían que (8)_____ (escoger) un postre que

(9)_____ (ser) más natural, como las frutas o el queso. De vez en

cuando, nos permitían que (nosotros) (10)_____ (comprar) un

helado, con tal de que (11)_____ (cenar) primero algo sano. ¡Nunca

nos dejaban ir a la heladería antes de que mi hermano y yo (12)_____

(lavar) los platos!

8-4 Un jefe de cocina exigente. Efrén, el hermano de Manuela, trabaja en un restaurante con un jefe de cocina exigente. Completa las oraciones con el imperfecto de subjuntivo de los verbos.

> cortar   estar   lavar   tener
> dar   ir   rallar   ver

1. ¡Nunca he trabajado con un jefe de cocina que _____ tantas

   órdenes como éste!

2. Hizo que Elisa _____ todas las cazuelas y ollas.

3. Le pidió a Juan que _____ (ir) al mercado para buscar unas

   alcachofas que _____ una forma simétrica y un color uniforme.

4. Tuve que tirar la sopa que preparé porque el jefe dudaba que

   _____ rica.

5. Prefería que nosotros _____ a mano las patatas para la tortilla

   española en vez de usar una máquina.

6. Quería que Pili y Vicente _____ un pedazo enorme de queso

   para la lasaña.

7. No nos dejó irnos antes de que él _____ que la cocina

   estaba limpia.

8-5   Una paella. Tomás aprendió ayer a preparar una paella. Completa el párrafo con el imperfecto de indicativo o de subjuntivo.

La semana pasada le dije a mi abuela que (yo) (1)_____ (querer)

aprender a preparar una paella, y ayer me enseñó cómo se hace. Primero, ella me pidió que

(2)_____ (ir) a la pescadería porque nos

(3)_____ (faltar) algunos de los ingredientes. Me dijo que

(4)_____ (comprar) almejas y mejillones, y que

(5)_____ (escoger) mariscos que

(6)_____ (estar) muy frescos. Yo también compré un pollo porque me

parecía que (7)_____ (ser) de buena calidad. Luego, en casa, mandó

que (8)_____ (buscar) el azafrán, el aceite de oliva, el arroz, cuatro

dientes de ajo, un tomate y una cebolla. Después, saqué las alubias y las judías que la abuela

(9)_____ (tener) en la nevera, y encontré una paellera grande que ella

(10)_____ (guardar) en la bodega. Cuando ya

(11)_____ (estar) todo listo, empezamos a cocinar. Mi abuela quería

que yo (12)_____ (picar) los ajos, la cebolla y el tomate. Me aconsejó

que (13)_____ (pelar) el tomate antes de cortarlo. Después, me dijo

que (14)_____ (echar) un poco de aceite en la paellera. Freí los

pedazos de pollo hasta que me parecieron bien hechos. Añadí el ajo y la cebolla, y cuando éstos

(15)_____ (estar) dorados, le eché el arroz. Unos minutos después, la

abuela me recomendó que (16)_____ (añadir) el tomate, unas tazas de

agua hirviendo, y sal y pimienta al gusto. También (17)_____

(necesitar) añadir el azafrán, pero era importante que lo (18)_____

(dejar) disolver en un poco de agua antes de (19)_____ (poner) en el

arroz. Dejamos cocer el arroz a fuego mediano unos diez minutos, y luego eché los mariscos y las

legumbres. Después de unos quince minutos lo serví. Mi abuela dijo que nunca había probado una

paella que (20)_____ (estar) tan sabrosa como la mía.

8-6 Una desilusión. Rosario fue a un restaurante elegante pero salió decepcionada. Completa su conversación con Francisco con el imperfecto de indicativo o de subjuntivo de los verbos.

cocinar	preparar	servir
estar	saber	tener
gustar	ser	traer
haber		

FRANCISCO: Oye, Rosario, fuiste al restaurante Ibiza ayer, ¿verdad? ¡Me imagino que la comida

(1) _____ riquísima!

ROSARIO: La verdad es que me decepcionó. Esperaba que el restaurante

(2) _____ platos exóticos, pero era obvio que sólo

(3) _____ las mismas cosas que los otros restaurantes de

la ciudad. Además, me sorprendió que los precios

(4) _____ tan caros.

FRANCISCO: ¿Qué tal el servicio del restaurante?

ROSARIO: Más o menos. Pedí que el camarero me (5) _____ un

vaso de agua, pero pasó media hora antes de traérmelo. Además, no sirvieron la

comida a mi gusto. Quería que (6) _____ la carne bien

hecha pero me trajeron un filete casi crudo. El camarero lo llevó a la cocina para que el

cocinero lo (7) _____ unos minutos más, pero lo quemó.

FRANCISCO: ¿No había nada que te (8) _____?

ROSARIO: Sí, el postre estaba delicioso. Comí un pedazo de torta que

(9) _____ a fresa y chocolate.

FRANCISCO: ¡Me alegro de que (10) _____ al menos una cosa que

te gustó!

SEGUNDA PARTE
¡Así lo decimos! VOCABULARIO

8-7   Hábitos alimenticios. Vas a leer un artículo sobre nutrición en una revista especializada. Completa el párrafo sobre algunos de los distintos hábitos alimenticios más comunes con estas palabras de *¡Así lo decimos!*

> adelgazar   colesterol   engordar   proteínas
> anemia   desequilibrada   ingerir

Muchas personas se ponen a dieta para (1)_____ porque piensan que

están «subidos de peso». Otros piensan que se ven demasiado delgados y comen más para

(2)_____. Hay otras personas que prefieren no comer carne y se

hacen vegetarianos. Los vegetarianos deben tener mucho cuidado porque corren el riesgo de tener

una nutrición (3)_____. Si no ingieren hierro pueden tener

(4)_____ y sentirse débiles y con mucha fatiga. También es

importante compensar las (5)_____ que se encuentran en las carnes

con algún equivalente vegetal. Las personas a las que les preocupa un nivel alto de

(6)_____ en la sangre, tratan de comer menos grasas saturadas y

eliminan el huevo de su dieta. Hay muchos otros que piensan que lo más saludable es comer todo

con moderación e (7)_____ alimentos sin grasa y sin azúcar.

8-8   Un desastre en la cocina. A Luz no se le da muy bien la cocina. Completa el párrafo sobre la poca habilidad que tiene Luz cocinando con estas palabras de *¡Así lo decimos!*

> botella   descongelar   incapaz   piel
> congeladas   horno   lata   vasos

¡Mi amiga Luz es un desastre en la cocina! ¡La verdad es que ella es

(1)_____ de freír un huevo! Para ella «cocinar» es

(2)_____ en el microondas las comidas que vienen

(3)_____. De vez en cuando, Luz también abre una

(4)_____ de atún o de sopa y la calienta en la estufa. A ella tampoco

le gusta lavar los platos porque dice que es muy malo para la

(5)_____ de sus «suaves manos». ¡Por eso compra solamente platos y

(6)_____ desechables! Ella no sabe abrir una

(7)_____ de vino y por eso siempre llama a su vecina para que lo

haga. ¡Pero Luz no tiene ningún complejo! ¡Ella simplemente dice que es una chica del siglo XXI!

¡Así lo hacemos! ESTRUCTURAS

2. The conditional and conditional perfect

8-9 Dietas especiales. ¿Qué harías para seguir una dieta especial por razones de salud? Combina las situaciones con su solución lógica. Escribe oraciones completas con el condicional de los verbos.

¿Qué harías. . .

para bajar el colesterol?	No comer comidas ácidas.
para la diabetes?	Evitar los alimentos con muchas calorías.
para adelgazar?	Comprar productos hechos con leche de soja (soy).
para engordar?	Consumir más gramos de carbohidratos y grasas.
para evitar la alergia a los productos lácteos?	Elegir alimentos con hierro como las espinacas.
para curarme de la anemia?	Asar las comidas a la parrilla en vez de freírlas.
para el dolor de muelas?	Preparar comidas como el puré de verduras o la sopa.
Para no empeorar la úlcera?	Eliminar de mi dieta los productos con azúcar.

1. _____

   _____

2. _____

   _____

3. _____

   _____

4. _____

   _____

5. _____

   _____

6. _____

   _____

7. _____

   _____

8. _____

   _____

8-10 Una cena importante. Teresa va a cenar con unos clientes importantes y le pide consejos a una amiga. Completa el diálogo con el condicional de los verbos.

> dar   hablar   preguntar
> deber   hacer   recomendar
> decir   llevar   reservar
> dejar   pedir

TERESA: He invitado a unos clientes a cenar conmigo mañana. ¿Dónde

(1) _____ ir?

JULIETA: Bueno, yo los (2) _____ a un buen restaurante, pero no a

uno excesivamente elegante. (3) _____ inmediatamente una

mesa en el restaurante. Yo también (4) _____ si tienen una

mesa en un rincón privado para poder conversar tranquilamente.

TERESA: ¿Qué consejo me (5) _____ tú sobre cómo pedir en

el restaurante?

JULIETA: Yo les (6) _____ a los clientes que pidieran lo que quisieran,

pero también les (7) _____ las especialidades de la casa.

(Yo) (8) _____ que los clientes pidieran primero. Pero para

el postre, yo (9) _____ algo primero para dejarles saber que

también quieres incluir el postre en la invitación.

TERESA: ¿Qué (10) _____ tú con la cuenta?

JULIETA: (11) _____ discretamente con el camarero para decirle que

me la trajera a mí y no a los clientes. Ya verás como todo sale bien.

8-11 ¿Qué habrían hecho? Piensa en lo que habrían hecho tú y estas personas en la siguiente situación: Los han invitado a una cena formal en el restaurante de cinco tenedores del Hotel Sheraton de Nueva York. Completa las oraciones con el condicional perfecto de los verbos entre paréntesis.

1. (Yo) _____ (vestirse) elegantemente.

2. Tú _____ (comer) la especialidad de la casa.

3. Mis amigos y yo _____ (pedir) una botella de vino que fuera bien con el menú.

4. Yo _____ (probar) un postre exótico.

5. Nosotros _____ (tomar) café con el postre.

6. Los camareros nos _____ (tratar) cortésmente.

7. No nos _____ (llevar) las sobras a casa.

8. Yo _____ (tener) que pagar la cuenta con tarjeta de crédito.

3. The indicative or subjunctive in *si* clauses

8-12 Un almuerzo en casa. Amanda va a preparar el almuerzo para sus amigos. Completa las oraciones con el presente de indicativo o el imperfecto de subjuntivo de los verbos, según el contexto.

1. ¡Prepararía langosta si no _____ (ser) tan cara!

2. Compraré bacalao si lo _____ (haber) en la pescadería.

3. Si las berenjenas del mercado _____ (tener) buena cara, me llevaré tres o cuatro.

4. Voy a cortar las verduras para la ensalada si me _____ (quedar) tiempo hoy.

5. Si _____ (tener) una parrilla, podría hacer una barbacoa.

6. Comeremos fresas para el postre si las _____ (encontrar) en el mercado.

7. Haría una torta de chocolate si _____ (saber) prepararla.

8. Si alguien _____ (traer) un buen vino, lo serviré con el almuerzo.

8-13 Los efectos de la dieta. Un médico les explica a sus pacientes la relación entre sus hábitos y su estado de salud. Completa las oraciones con el imperfecto de subjuntivo o el condicional simple.

1. Sr. Pacheco, usted no tendría el colesterol alto si _____ (evitar) las comidas hechas con aceite y mantequilla.

2. Sra. Palacios, usted _____ (tener) los pulmones más sanos si no fumara.

3. Quique, sabes que no tendrías caries si _____ (cepillarse) los dientes después de comer.

4. Niños, si comieran menos caramelos, ustedes no _____ (enfermarse) tanto.

5. Nieves, te sentirías con más energía si _____ (desayunar) todas las mañanas.

6. Sra. Fuentes, si usted no bebiera tanta leche probablemente _____ (padecer) de osteoporosis.

8-14 Las comidas y las enfermedades. Un científico explica la relación entre algunas enfermedades y la comida. Completa el párrafo con el condicional o el imperfecto de subjuntivo, según el contexto.

Sería bueno que la gente (1)_____ (saber) más sobre los peligros de los microorganismos en la comida. No (2)_____ (haber) tantos casos de salmonela si todo el mundo (3)_____ (evitar) los huevos poco hechos y si (4)_____ (lavarse) las manos después de tocar carne cruda. Se (5)_____ (poder) eliminar el botulismo si todos (6)_____ (tener) cuidado al conservar los alimentos enlatados. Si los restaurantes siempre (7)_____ (servir) la carne de res bien cocida los clientes probablemente no (8)_____ (enfermarse) porque la comida no (9)_____ (estar) contaminada por la bacteria écoli. ¡Si todos (10)_____ (seguir) estas reglas sencillas para la higiene y la preparación de la comida! ¿No (11)_____ (valer) la pena hacer una campaña para informar al público sobre lo que hay que hacer para reducir el riesgo?

CONEXIONES
Páginas

8-15 Antes de leer. Para entender mejor la lectura «Mitos y verdades sobre las dietas», estudia las siguientes palabras y expresiones y completa la actividad. Recuerda hacer los cambios pertinentes (género y número de sustantivos y adjetivos y conjugación de los verbos según su contexto).

Vocabulario clave			
a largo plazo	*long term*	lograr	*to accomplish*
aconsejar	*to give advice*	manera	*way*
anunciarse	*to advertise itself/themselves*	milagro	*miracle*
bajo vigilancia	*under supervision*	mito	*myth*
compromiso	*commitment*	nivel	*level*
cumplir	*to fulfill*	ponerse a dieta	*to go on a diet*
duradera	*lasting*	pulgada	*inch*
esfuerzo	*effort*	rapidez	*speed*
forma	*way*	recuperar	*to recover*
grasa	*fat*	regla	*rule*
inscribirse	*to register*	riesgo	*risk*
libra	*pound*		

1. Para perder _____ en el área del abdomen lo mejor es hacer ejercicio.

2. Muchas personas _____ pero no la siguen estrictamente.

3. Las «fórmulas mágicas» para bajar de peso no funcionan; son sólo un

   _____.

4. Si tenemos el _____ de colesterol muy alto, debemos ponernos a dieta, hacer ejercicio y posiblemente tomar algún medicamento.

5. Si en realidad piensas ponerte a dieta debes hacer un _____ serio contigo mismo.

6. Hay que eliminar las _____ saturadas de nuestra dieta diaria.

7. Te _____ que vayas al nutricionista o al médico antes de ponerte a dieta.

8. Muchas dietas funcionan para bajar de peso con rapidez pero no funcionan

   _____.

9. ¡Me puse a dieta el año pasado y he perdido 35 _____!

10. Voy a _____ en el programa de ejercicios aeróbicos de la universidad.

8-16 A leer

Mitos y verdades sobre las dietas

Cada año más de 50 millones de norteamericanos se ponen a dieta para bajar de peso. Muchos se inscriben en programas estructurados para bajar de peso, otros simplemente comen menos o ingieren menos calorías y carbohidratos, otros prefieren perder libras y pulgadas haciendo ejercicio físico. También hay muchas personas que toman medicamentos o suplementos especiales para perder peso. Lo cierto es que existen muchos mitos y engaños sobre las dietas. Hay que tener mucho cuidado con los productos que se anuncian como «el nuevo milagro de la ciencia» y que prometen la pérdida de peso de una forma rápida, fácil y duradera. Como regla general, la posibilidad de recuperar el peso que se ha perdido con una dieta crece de acuerdo con la rapidez con que se ha perdido. Además, perder peso rápidamente puede afectar su salud de manera permanente. Lo cierto es que no existe una solución rápida y fácil para el sobrepeso. Perder peso requiere disciplina, esfuerzo e información.

Algunas personas piensan que si consumen menos calorías bajarán de peso automáticamente. Esto no es necesariamente cierto, sobre todo a largo plazo. Solamente reducir las calorías hace a las personas a dieta sentir hambre porque esto disminuye el consumo de vitaminas y minerales importantes. La reducción de calorías es sólo parte del compromiso de ponerse a dieta. Si se sigue una dieta hipocalórica (baja en calorías) debe ser bajo vigilancia médica, pues esto trae riesgos para la salud. Lo mismo ocurre con las dietas basadas en la eliminación de los carbohidratos, pues son una fuente importante de energía. Para adelgazar y mantener el peso deseado hay que hacer cambios significativos en lo que se come y en la cantidad. Además, hay que seguir un régimen de ejercicio regular y personalizado. La actividad física regular puede ayudarlas a reducir y controlar el peso quemando calorías.

Lo cierto es que lo que funciona con una persona no necesariamente funciona con otra, pues todos tenemos metabolismos diferentes y la grasa se aloja en partes diferentes del cuerpo. Recuerde que la alimentación requerida por cada persona varía de acuerdo al tamaño del cuerpo, la salud y el nivel de actividad.

Los expertos recomiendan una combinación de dieta y actividad física como la manera más efectiva de perder peso y mantenerse en forma (teniendo como meta perder cerca de una libra por semana). Una reducción modesta de 500 calorías al día logrará esta meta, porque es necesario quemar 3,500 calorías para perder una libra de grasa. Muchos expertos en el área de la salud aconsejan que los adultos limiten su consumo de grasas al 25 por ciento del total de las calorías que ingieren. Asegúrese de que su dieta esté bien equilibrada, y que cumpla con los principios establecidos por los expertos en nutrición clínica.

8-17 Después de leer. ¿Has comprendido? Completa las siguientes frases con información del artículo.

1. Cada año _____ .

2. No funcionan las dietas que _____ .

3. Es arriesgado para la salud _____ .

4. La mejor dieta _____ .

TALLER

8-18 Antes de escribir. Piensa en un restaurante en el que hayas comido recientemente. Apunta información sobre tu experiencia: la hora a la que fuiste, lo que pediste, cómo te trataron los camareros, cuánto pagaste. Describe con detalles tu experiencia. Haz una lista de los aspectos del restaurante que te gustaron y los que no te gustaron.

8-19 A escribir. Escribe una reseña del restaurante. Incluye información sobre el ambiente, el servicio, los precios y la calidad de la comida. Usa el imperfecto del subjuntivo para expresar tus reacciones y el condicional para explicar lo que el restaurante podría hacer para mejorar.

8-20 Después de escribir. Presenta tu reseña a la clase y averigua si algún compañero o compañera conoce el restaurante sobre el cual has escrito. Intercambien opiniones y sugerencias sobre cómo mejorar su menú, ambiente o servicios.

Lab Manual
Las artes culinarias y la nutrición

PRIMERA PARTE

¡Así lo decimos! VOCABULARIO

8-21 Los utensilios. José Luis vive solo en un apartamento y su hermana lo va a visitar. Ella se escandaliza porque él no tiene nada en la cocina. Escucha la grabación cuantas veces sea necesario y luego rellena los espacios en blanco con los utensilios que José Luis necesita.

José Luis necesita:

1. _____

2. _____

3. _____

4. _____

5. _____

6. _____

8-22 Ejemplos de comidas. Clara, la hermana de José Luis, quiere saber hasta qué punto su hermano no tiene ni idea de cocina y le hace una prueba. A continuación escucharás a Clara leer una lista de tipos de comida que corresponden a las siguientes palabras de la sección *¡Así lo decimos!* Primero, lee la lista de palabras y después de escuchar las categorías, decide qué palabra corresponde a cada tipo de comida.

a. los camarones   c. el filete de res   e. la piña   g. el arroz
b. el pastel   d. la sal   f. la zanahoria   h. el jugo

1. _____

2. _____

3. _____

4. _____

5. _____

6. _____

¡Así lo hacemos! ESTRUCTURAS

1. The imperfect subjunctive

8-23 El Chef Pepín. La persona que descubrió al Chef Pepín nos cuenta los comienzos de este gran cocinero. Escucha la grabación cuantas veces sea necesario y después indica si las siguientes oraciones son ciertas o falsas.

1. _____ El narrador quería que el chef supiera preparar mariscos.

2. _____ El narrador deseaba encontrar un chef que preparara comidas sencillas y simples.

3. _____ Pepín es un chef que sólo cocina comida italiana.

4. _____ Pepín empezó a cocinar desde que era niño.

5. _____ Su mamá no creía que él tuviera talento para ser chef.

6. _____ La primera vez que Pepín cocinó para su familia, todos se enfermaron.

7. _____ Sus amigos le aconsejaron que fuera a una escuela de artes culinarias.

8-24 Gracias al gato. Teresa va a casa de los padres de su novio Mauricio por primera vez. En la siguiente grabación, Teresa nos cuenta cómo fue la experiencia. Escucha la grabación cuantas veces sea necesario y luego rellena los espacios en blanco con los verbos que escuches.

Mauricio llevó a Teresa a la casa de sus padres para que ellos la

(1)_____. Antes de que ellos (2)_____ y

(3)_____, abrieron una botella de vino. La madre de Mauricio

preparó bacalao. Teresa odia el bacalao y por eso se lo dio al gato sin que nadie

(4)_____. La madre de Mauricio se ofendió porque Teresa no se

comió toda la comida. Ella esperaba que Teresa se (5)_____ toda la

comida que estaba en el plato.

8-25 ¡Eres un desastre! Clara vuelve al apartamento de su hermano José Luis. En la siguiente grabación escuchamos a Clara quejarse de lo desastroso que es José Luis. Primero rellena el siguiente párrafo conjugando los verbos de la lista en el imperfecto de indicativo o en el imperfecto de subjuntivo. Después escucha la grabación para verificar tus respuestas.

comprar	necesitar	regalar	traer
dar	poder	tener	usar
haber	poner		

José Luis, la última vez que te visité te pedí que (1)_____ un

abrelatas. También te dije que (2)_____ una cafetera para preparar

café. ¿Por qué no la has comprado? El dinero que te regalé para tu cumpleaños fue para que

(3)_____ comprar todas las cosas que necesitas para tu apartamento.

Lo peor de todo es que todavía no tienes una estufa nueva. Fue una lástima que te

(4)_____ tanto dinero para tu cumpleaños. ¡Eres un desastre!

8-26 La mujer y la cocina. Cuando una mujer se casa ¿debe saber cocinar? En la siguiente grabación escucharás una narración que habla sobre este tema. Antes de escuchar la grabación, lee las frases que están a continuación. Luego lee los verbos que les siguen. Une las frases de las dos secciones para formar una oración lógica. Después escucha la grabación y comprueba si tus oraciones coinciden con la información que escuchas.

Sección A

1. En el pasado cuando una mujer se casaba era necesario que _____.

2. Gracias a todos los avances en los utensilios de cocina y a la comida congelada, ya no es necesario _____.

3. Yo me casé el año pasado. Yo sabía cocinar porque cuando era niña mi madre me obligaba a que la _____.

4. Mi hermana es otra cosa. Ella nunca quiso aprender porque creía que nunca

   _____.

5. Mi hermana se equivocó con su predicción y se casó la semana pasada. ¡Ojalá que a su esposo

   _____!

a. fue a cocinar

b. supiera cocinar

c. le guste la comida congelada

d. saber mucho de cocina

e. ayudara a preparar la comida

f. tuviera utensilios

g. comer en casa

h. le gusta cocinar

i. iba a casarse

SEGUNDA PARTE
¡Así lo decimos! VOCABULARIO

8-27 Un problema de peso. Margarita tiene un problema de peso. En la siguiente grabación ella nos cuenta su problema. Escucha la grabación cuantas veces sea necesario y luego rellena los espacios con una de las palabras de la sección *¡Así lo decimos!*

Margarita necesita (1)_____. Ella no ha podido

(2)_____ y ahora tiene problemas con

(3)_____. El doctor le dijo que comiera carne

(4)_____ o al horno y que bebiera ocho

(5)_____ de agua al día.

8-28 ¿Sabes cuál es la palabra? Margarita está llevando a cabo la dieta que le recomendó el doctor. Escúchala mientras está en el supermercado. A continuación escucharás una serie de oraciones seguidas por una pausa. Durante la pausa debes identificar cuál de las siguientes palabras completa lógicamente la oración.

a. colesterol

b. onzas

c. proteína

d. echar a perder

e. libras

f. ingerir

g. al vapor

h. taza

1. _____

2. _____

3. _____

4. _____

5. _____

¡Así lo hacemos! ESTRUCTURAS

2. The conditional and conditional perfect

8-29 Lo que yo haría. Margarita y su amiga Dora están hablando sobre el problema de peso de Margarita. Cada vez que Margarita dice algo sobre su problema de peso, Dora le dice lo que ella haría. Cuando escuches la pausa rellena los espacios en blanco con uno de los verbos de la lista.

> aburrirse   cocinar   dormir   poder
> bajar de peso   comer   echar a perder ser

1. Yo no _____.

2. Yo no _____.

3. Yo no _____.

4. Yo _____.

5. Para mí _____.

8-30 ¿Qué harías? Imagínate que estás en las siguientes situaciones hipotéticas. Escribe qué harías después de la pausa. Debes usar oraciones completas y lógicas. Recuerda que debes conjugar el verbo en el condicional.

1. _____

2. _____

3. _____

4. _____

8-31 Teresa y el bacalao. Imagínate que eres amiga de Teresa y ella te cuenta lo que pasó durante la cena en casa de los padres de Mauricio. Vuelve a escuchar la grabación donde Teresa nos cuenta aquella experiencia. Luego, debes decirle lo que tú habrías hecho en su lugar. Rellena los espacios en blanco con el condicional perfecto.

Teresa, yo en tu lugar ni siquiera (1)_____ el bacalao.

(2)_____ después de comer algo que no me gusta y no

(3)_____ ocultar que odiaba esa comida.

(4)_____ mejor mentirle a la madre de Mauricio. Yo le

(5)_____ que era vegetariana, eso siempre es una buena excusa. ¡Qué

suerte que el gato te salvó!

3. The indicative or subjunctive in *si* clauses

8-32 Consejos del médico. El mismo doctor que ayudó a Margarita está ahora con otros pacientes. En la siguiente grabación escucharás al médico aconsejando a sus pacientes. Primero lee la siguiente lista de verbos y luego escucha la grabación. Al final de cada oración escucharás una pausa. Durante la pausa elige uno de los siguientes verbos de la lista para completar lógicamente la oración.

a. hicieras dieta.

b. caminaran todos los días.

c. comiera menos postres.

d. perdiera 30 libras

e. asáramos la carne

f. hiciéramos ejercicios

1. _____

2. _____

3. _____

4. _____

8-33 Yo no lo permitiría. Tú eres Guillermo, un amigo de José Luis, el hermano de Clara. En el siguiente párrafo tú aconsejas a José Luis y le dices lo que harías si estuvieras en su lugar. Rellena los espacios en blanco con el presente de indicativo o el imperfecto de subjuntivo de uno de los verbos de la lista. Luego escucha la grabación para verificar tu respuesta.

dar	contestar	permitir	recibir
decir	estar	prohibir	ser

Guillermo, si (1)_____ que tu hermana te hable así, nunca dejará de hacerlo. Tú tienes 20 años, no eres un niño. Si mi hermana me (2)_____ de esa manera, yo le diría que se callara. Tú hermana es muy mandona (*bossy*). Si ella te (3)_____ dinero, pensará que puede decirte lo qué tienes que hacer. Si yo (4)_____ tú, no le aceptaría el dinero para que no me (5)_____ lo que tengo que hacer.

8-34 En mis propias palabras. Te gustaría bajar de peso y piensas en cómo lo harás para conseguirlo. A continuación escucharás una serie de frases que tú debes completar para formar una oración completa. Después de cada frase escucharás una pausa. ¡Ojo! Algunas oraciones necesitan el condicional, el presente de indicativo o el futuro.

> MODELO: **Tú escuchas:**   Engordaré mucho si
> **Tú escribes:**   Engordaré mucho si todos los días como hamburguesas y papas fritas.
> o:
> **Tú escuchas:**   Si comiera menos,
> **Tú escribes:**   Si comiera menos, estaría más delgada.

1. _____

2. _____

3. _____

4. _____

5. _____

CONEXIONES

8-35 El cochinillo. Vuelve a la página 276 del texto y lee la información sobre el cochinillo. Después escucha la grabación y contesta las preguntas que escuches.

1. _____

2. _____

3. _____

4. _____

Workbook
Nuestra sociedad en crisis

PRIMERA PARTE
¡Así lo decimos! VOCABULARIO

9-1   Crisis en las escuelas. Un maestro habla de sus experiencias con algunos jóvenes problemáticos de su escuela. Completa las oraciones con estas palabras de ¡*Así lo decimos!*

crimen	guardias de seguridad	robaron
delincuentes	pandilla	tatuaje
embriagado	revólver	traficantes vandalizan

1. Conozco al menos diez estudiantes que están relacionados con una

   _____.

2. Algunos de estos jóvenes _____ son muy peligrosos porque

   siempre van armados.

3. Casi todos ellos tienen un _____ en la piel que los identifica

   como miembros del grupo.

4. Todos ellos _____ la propiedad de la escuela: rompen las

   ventanas, pintan las paredes, etcétera.

5. Aunque en la escuela está prohibido el consumo de bebidas alcohólicas, ¡ayer un estudiante

   llegó a la clase de biología totalmente _____! Casi no podía

   caminar derecho e insultaba a todo el mundo.

6. A pesar de que hay detectores de metales en la entrada de la escuela, la semana pasada un

   profesor encontró un _____ en un bolsillo de la chaqueta

   de un estudiante.

7. Hay profesores que afirman que algunos estudiantes son _____

   de drogas.

8. Aunque en la escuela hay varios _____, no son suficientes para vigilar ni para proteger a las personas que estudian y trabajan allí.

9. La policía ya sabe los nombres de los estudiantes que _____ el dinero de la cafetería y las computadoras de la oficina del director.

10. Nosotros los maestros, nuestros estudiantes y los padres debemos luchar para una escuela sin

_____.

9-2 Un agente secreto. El agente Ramírez es un policía del departamento de narcóticos. Completa el párrafo en el que explica su nuevo caso con estas palabras de *¡Así lo decimos!*

bomba	pandilla	seguridad	traficantes
delincuentes	robo	tatuarme	vandalismo
delito	secuestraron		

Voy a investigar las operaciones de un grupo de (1)_____ muy peligrosos. Quiero hacerme pasar por (*go undercover as*) miembro de una

(2)_____ local. Tengo que hacer todo lo posible para no delatarme como policía, y es probable que me obliguen a (3)_____ el brazo como el resto de los miembros del grupo. Como seré un «nuevo miembro» del grupo, seguramente ellos me obligarán a cometer un (4)_____ como participar en el

(5)_____ de algún banco o en el

(6)_____ de algún edificio o parque rompiendo cristales y haciendo graffiti. Pero yo trataré de encontrar la información que buscamos antes de que eso ocurra. Como policía encubierto, tal vez averigüe quién es el jefe de los (7)_____ de drogas de todo el estado. Este caso es muy importante para la

(8)_____ de nuestra comunidad porque estos criminales han amenazado varias veces con poner una (9)_____ en un lugar público si el alcalde no cambia sus políticas en cuanto a las armas de fuego. Es muy posible que ellos hayan sido los que (10)_____ del hijo del juez Padrón. Definitivamente tenemos que hacer todo lo posible por eliminar la violencia y las drogas de nuestras calles. Espero que todo salga bien y que mis compañeros y yo podamos llevar a cabo la misión sin que haya incidentes violentos.

¡Así lo hacemos! ESTRUCTURAS

1. The pluperfect subjunctive

9-3 **En la comisaría de la policía.** Hoy la policía detuvo a varias personas pero todos los detenidos niegan las acusaciones. Completa las oraciones con el pluscuamperfecto de subjuntivo.

1. El agente decía que el señor Gómez había robado la tienda.

   El testigo negó que el señor Gómez _____.

2. El policía creía que los jóvenes habían estafado a una anciana.

   Los padres de los jóvenes dudaban que sus hijos _____.

3. El testigo juraba que la muchacha había vandalizado el edificio.

   El abogado dijo que era imposible que su cliente _____.

4. La asistenta social dijo que los Rodríguez habían abusado de sus hijos.

   A los vecinos les extrañaba que _____.

5. La víctima confirmó que el miembro de la pandilla la había agredido.

   Los policías no estaban seguros de que el joven _____.

6. El maestro denunció que un estudiante había traído un revólver a la escuela.

   El estudiante no podía creer que el maestro _____.

9-4 **Un robo.** Anoche la casa de la familia Trujillo fue objeto de un robo. Completa el informe sobre el robo con el pluscuamperfecto de subjuntivo de los verbos de la lista.

> | conseguir | entrar | poder | romper |
> | dejar | estar | robar | ver |
> | detener | olvidarse | | |

Anoche cuando los Trujillo llegaron a casa se sorprendieron de que un ladrón

(1)_____ en su casa. No había señales de entrada forzada, así que era

probable que el ladrón (2)_____ una llave antes del robo porque era

imposible que los Trujillo (3)_____ de cerrar la puerta al salir. No

encontraron ningún vecino que (4)_____ a alguien sospechoso por el

vecindario antes del robo. A la señora Trujillo le dolió mucho que el ladrón le

(5)_____ todas sus joyas. ¡Ojalá no

(6)_____ el florero de cristal porque era una antigüedad! El ladrón

había encontrado la colección de monedas antiguas que el señor Trujillo tenía en un escondite. Era

como si el ladrón (7)_____ en la casa antes porque sabía dónde

estaban todos los objetos de valor. Los policías inspeccionaron la casa por si acaso el delincuente

(8)_____ huellas, pero no encontraron nada. Sin embargo, dudaban

que una persona desconocida (9)_____ cometer el crimen, y van a

investigar primero a personas que conocen a los Trujillo. A la familia le habría gustado que la policía

(10)_____ al ladrón esa misma noche.

9-5 Un estafador. En el mismo vecindario donde viven los Trujillo, otra familia ha sido víctima de
un fraude. Completa el artículo sobre un estafador con el pluscuamperfecto de indicativo o de
subjuntivo, según el contexto.

La policía advierte que un delincuente ha estafado a una familia y que probablemente sigue en la

ciudad. Ayer un matrimonio denunció que la semana pasada un hombre desconocido

(1)_____ (venir) a su casa y (2)_____

(hacerse) pasar por carpintero. El «carpintero» les explicó que

(3)_____ (ver) el techo de la casa y le extrañó que los dueños

(4)_____ (dejar) que el techo se estropeara. Les

(5)_____ (decir) que era increíble que ellos no

(6)_____ (reparar) los agujeros en el techo y que era probable que la

lluvia ya (7)_____ (empezar) a dañar la estructura de la casa. El

hombre los convenció para que lo contrataran para reparar el techo, pero a estos señores les

sorprendió que el carpintero les (8)_____ (pedir) un depósito del 25%

del total. Sin embargo, se lo dieron porque temían que el techo ya

(9)_____ (deteriorarse) mucho y se alegraron de que alguien

(10)_____ (darse) cuenta del problema. El hombre recibió el depósito,

pero se fue antes de hacer el trabajo con el pretexto de comprar materiales. Cuando

(11)_____ (pasar) tres horas y el hombre no

(12)_____ (volver) el matrimonio empezó a dudar que

(13)_____ (ser) sincero con ellos y se enfadaron por haberse dejado

engañar. Ayer la policía buscaba otras familias en esta zona de la ciudad que

(14)_____ (hablar) con el estafador porque era posible que otras

personas (15)_____ (tener) la misma experiencia.

SEGUNDA PARTE
¡Así lo decimos! VOCABULARIO

9-6 Los jóvenes y el alcohol. Un sociólogo habla de diferentes actitudes con respecto al alcohol que ha observado en estudiantes universitarios. Completa las oraciones con estas palabras de *¡Así lo decimos!*

> apostar   largo plazo   poder
> borrachera   momentánea   rehabilitar

1. Algunos estudiantes confiesan haber participado en juegos relacionados con el alcohol, como _____ que pueden beber más que otra persona.

2. La mayoría asocia el alcoholismo con un estado permanente de _____ pero no se dan cuenta de que es una adicción que se manifiesta de diferentes formas.

3. Muy pocos consideran que el alcohol que consumen durante los años en la universidad puede tener efectos a _____ como el daño a órganos internos vitales.

4. Los que se emborrachan cuando están con sus amigos piensan que ésta es una fase _____ de su vida y no creen que se pueda convertir en una adicción.

5. También dicen que el alcohol les da una sensación aparente de _____. Por esta razón el alcohol aumenta los instintos agresivos y violentos, incluso en personas que normalmente son tranquilas y pacíficas.

6. Pocos jóvenes piensan que el alcoholismo es incurable: El alcohólico se puede_____ pero no curar totalmente.

9-7 Un delincuente menos. La noticia de que el delicuente más buscado de los últimos meses ha sido detenido, ha salido en todos los periódicos del país. Completa el artículo con estas palabras de *¡Así lo decimos!*

actualmente	de hecho	jura	poder
acusado	interrogar	juzgado	prostitución
amenazar	juicio	peligro	risa

El jueves próximo comenzará en la Corte Suprema el (1)_____ del

presunto asesino del banquero Augusto Franco. Según su abogado, el

(2)_____, Tito Marcel, es inocente. Después de

(3)_____ a Marcel por varias horas, la policía y los fiscales se han

convencido de su culpabilidad. (4)_____, Marcel confesó ser el líder

de una red de (5)_____ que opera en la ciudad y que explota a chicas

menores de edad. El interrogatorio fue bastante frustrante para los investigadores porque Marcel no

se lo tomaba en serio y todas las preguntas le daban (6)_____. Además,

todavía Marcel (7)_____ que él no tiene nada que ver con el asesinato

de Franco. A pesar de esto, los fiscales afirman que él es el responsable de éste y otros crímenes.

Además de la acusación de asesinato en primer grado y de traficar con menores de edad, Tito Marcel

está acusado de (8)_____ por teléfono a otros banqueros, lo cual es

también un delito. Aunque no hay testigos ni evidencia directa, el fiscal del distrito confía en que la

evidencia circunstancial será suficiente para enviarlo a la cárcel por el resto de su vida. Una vez en la

cárcel, Marcel ya no tendrá el (9)_____ para intimidar a más

personas ni poner la vida de más muchachas en (10)_____.

(11)_____, Marcel se halla detenido en la comisaría mientras se

prepara para ser (12)_____.

¡Así lo hacemos! ESTRUCTURAS

2. Uses of *se*

9-8 La coalición contra el crimen. Los vecinos de un barrio en crisis se han organizado y van a formar una coalición contra el crimen. Completa la propuesta de esta organización con el *se* impersonal y el futuro de los verbos entre paréntesis.

Pronto (1)_____ (reducir) el crimen en nuestro barrio porque

(2)_____ (formar) una coalición de ciudadanos para combatir el

crimen. (3)_____ (tomar) medidas para poner fin a los robos en el

vecindario. (4)_____ (hacer) inspecciones de las casas y

(5)_____ (corregir) los errores de seguridad.

(6)_____ (instalar) alarmas en todas las casas y

(7)_____ (dar) charlas sobre estrategias para la protección contra el

crimen. (8)_____ (comprar) cámaras de seguridad para los edificios y

(9)_____ (contratar) a un guardia para vigilar las calles.

(10)_____ (estar) alerta por si hay personas desconocidas y

(11)_____ (llamar) a la policía en caso de actividad sospechosa.

Estamos seguros de que con todos estos cambios (12)_____ (bajar) el

índice de criminalidad en el barrio.

9-9 El índice de criminalidad. Antes de la creación de la coalición contra el crimen, Paula compartió su preocupación por el alto índice de criminalidad que aquejaba a su comunidad. Completa las oraciones con el *se* pasivo de los verbos de la lista.

> cometer   robar   vandalizar
> oír   traficar   ver

1. _____ con cocaína en el barrio.
2. _____ las carteras de la gente en la calle.
3. _____ los edificios de nuestra comunidad.
4. _____ balazos frecuentemente.
5. _____ graffiti por todos lados.
6. _____ fraude en las oficinas públicas.

9-10 Una explosión. Lee el informe de la policía sobre una explosión que tuvo lugar ayer. Completa el informe policial con *se* y el pretérito de los verbos.

> apagar   encontrar   quemar   romper
> detener   hacer   recibir   saber
> empezar   interrogar   revisar   sospechar

Ayer (1)_____ estallar una bomba en un edificio municipal.

Afortunadamente nadie resultó herido pero (2)_____ las ventanas y

(3)_____ muchos documentos importantes. Cuando

(4)_____ los fuegos (5)_____ la

investigación del crimen. No (6)_____ muchas pruebas pero

(7)_____ que unos terroristas sean los autores del atentado porque

ayer (8)_____ una amenaza de este grupo.

(9)_____ a los testigos y (10)_____ los

videos de seguridad pero no (11)_____ cómo los terroristas colocaron

la bomba en el edificio. Por la noche (12)_____ al líder del grupo

sospechoso.

3. Indefinite and negative expressions

9-11 La delincuencia juvenil. Lee esta reflexión de un especialista en delincuencia juvenil y derechos del menor. Completa el párrafo con las expresiones indefinidas y negativas apropiadas de la lista.

algo	nada	ninguno/a	siempre
alguien	nadie	nunca/jamás	también
algún	ni... ni	o... o	tampoco
alguno/a(s)	ningún		

Nuestra sociedad debe hacer (1)_____ para reducir el índice de criminalidad entre los niños. Cuando un niño menor de 16 años comete un delito hay que castigar a (2)_____ pero no necesariamente a él. A mi modo de ver, si un niño es citado por hacer (3)_____ ilegal los padres (4)_____ deben recibir (5)_____ castigo porque ellos tienen (6)_____ de culpa. No tiene (7)_____ sentido echarle toda la culpa (*to put all the blame on*) al niño y no hacerles (8)_____ a los padres. En estos casos (9)_____ hay que considerar el papel de los padres en la educación del niño. El juez debería determinar si el niño pudo cometer el delito porque los padres no hicieron (10)_____ para prevenirlo. En (11)_____ casos, los delincuentes participan en actividades ilegales porque los padres (12)_____ están al tanto (*aware*) de lo que hacen sus hijos . Si no hay (13)_____ que cuide a estos chicos, ¿quién les va a enseñar lo que está bien y lo que está mal? Por eso hay que pensar en (14)_____ sanciones para castigar a los padres que no cumplan con sus responsabilidades. Éste es nuestro ultimátum: (15)_____ supervisan a los niños, (16)_____ sufren las consecuencias.

9-12 Un mentor. En muchos grupos de apoyo las personas adictas a sustancias químicas tienen un mentor que las ayuda. Completa la conversación con palabras indefinidas y negativas.

LORENZO: ¿Qué tal, Carolina?

CAROLINA: Me va muy bien. Hace tres meses que no tomo (1)_____ bebida alcohólica.

LORENZO: ¡Enhorabuena! ¿Has tenido (2)_____ situación difícil esta semana?

CAROLINA: No, esta semana no he tenido (3)_____ problema. Pero no es (4)_____ tan fácil. A veces me siento nerviosa y pienso en tomar (5)_____.

LORENZO: Bueno, (6)_____ vas a eliminar esa tentación. Lo importante es hacer (7)_____ para resistirla. Sabes que (8)_____ puedes contar conmigo si necesitas hablar con (9)_____. (10)_____ puede superar una adicción sin el apoyo de los amigos y la familia.

CAROLINA: Tienes razón. Siempre que tengo ganas de tomar

(11)_____ bebida alcohólica,

(12)_____ hablo contigo

(13)_____ llamo a otro miembro del grupo.

LORENZO: Yo (14)_____ usé este método cuando empecé a rehabilitarme y tuve mucho éxito.

CAROLINA: Tú (15)_____ has vuelto a tomar desde que asistes a las reuniones del grupo, ¿verdad?

LORENZO: No bebo alcohol desde hace cuatro años. No puedo decir que (16)_____ tomaré otro trago porque es una lucha diaria. ¡Pero hasta ahora no he tenido (17)_____ crisis!

9-13 Una prueba poligráfica. La policía te ha citado porque necesitan hacerte unas preguntas relacionadas con una investigación. Tienes que someterte a la prueba del polígrafo. Contesta las preguntas con las expresiones negativas apropiadas.

1. ¿Tienes algún antecedente criminal? _____

2. ¿Has robado algo en tu vida? _____

3. ¿Usas alguna droga ilícita? _____

4. ¿Has cometido fraude o has falsificado documentos? _____

5. ¿Has ayudado a alguien a cometer un delito? _____

CONEXIONES
Páginas

9-14 Antes de leer. Estudia el siguiente vocabulario que encontrarás en la lectura. Luego completa las oraciones de la actividad con las palabras o expresiones apropiadas. Recuerda hacer los cambios necesarios según el contexto.

Vocabulario clave			
a la vez	*at the same time*	oleada	*wave*
aislado	*isolated*	patrulla	*patrol*
atraco	*holdup*	retirar	*to withdraw*
cajero automático	*ATM*	tomarse la justicia por su mano	*to take justice in*
cuenta corriente	*checking account*		*their own hands*
evitar	*to avoid, to prevent*	transeúnte	*pedestrian*

1. En los últimos tres meses ha habido una _____ de robos en esta zona.

2. Los vecinos están desesperados. Si la policía no hace nada, dentro de poco empezarán a

   _____.

3. Voy al banco porque necesito _____ $300 de mi cuenta corriente.

4. Hoy el banco está cerrado, pero por aquí hay muchos_____

   que puedes usar.

5. Espera, te acompaño. Hay que _____ caminar solo a estas horas.

6. ¿Qué pasa en la casa de los González? Hay tres _____

   estacionadas allí.

7. No sé, pero anoche hubo un _____ en la joyería (*jewelry store*)

   Maraval.

9-15 A leer

Patrullas estudiantiles para evitar robos

CARACAS—Los estudiantes que viven en las residencias y dormitorios estudiantiles de las tres universidades más grandes e importantes de la ciudad han decidido formar patrullas nocturnas para evitar la oleada de atracos que, según dicen, sufren desde hace meses.

A partir de la próxima semana, más de 100 estudiantes de estos centros universitarios saldrán a las calles próximas a las residencias estudiantiles para buscar a los delincuentes que han robado, agredido y amenazado a un gran número de estudiantes. Durante los últimos meses, más de 30 estudiantes que viven en residencias estudiantiles han sufrido robos y hasta agresiones físicas por parte de individuos o de grupos que actúan armados con revólveres o cuchillos.

El caso más grave se produjo a las 21.00 horas del pasado viernes, cuando un universitario fue retenido durante más de media hora por dos individuos. Después de robarle los 5.000 bolívares que llevaba en el bolsillo, lo llevaron a un cajero automático, donde lo obligaron a retirar 350.000 bolívares de su cuenta corriente bajo amenaza de muerte.

La víctima, el joven Manuel de la Rosa, residente del dormitorio estudiantil San Vicente, no ha denunciado el atraco en la comisaría debido a las amenazas de los agresores: «Si los denuncio quizá los metan un mes en la cárcel, pero después salen y, como saben dónde vivo, pueden venir a buscarme», dijo Manuel.

Uno de los universitarios, Ernesto Peralta, puso en alerta a la Policía Nacional sobre los robos y atracos de los últimos meses. El estudiante señaló con indignación: «La respuesta que me dieron fue que sólo tienen dos coches patrulla para cerca de un millón de habitantes y que debemos denunciar a los delincuentes la próxima vez que roben.»

Los estudiantes reconocen que el ánimo entre los universitarios que viven en residencias estudiantiles está «por los suelos»; pero a la vez, ellos quieren participar activamente para eliminar este tipo de crimen. Por eso van a iniciar una operación llamada «patrullas de colegiales» cuyo propósito será «vigilar la presencia de gente sospechosa cerca de las residencias estudiantiles» y si se ve que son atracadores, llamar a la policía y, si es necesario, tomar la justicia por su mano, según señalaron algunos estudiantes esta mañana.

Los estudiantes reclaman mayor presencia policial, a pesar de las medidas de autoprotección que han planeado. La mayoría de las residencias estudiantiles universitarias se encuentra en zonas bastante aisladas, donde la presencia de transeúntes y vehículos se reduce al mínimo por la noche.

9-16 Después de leer. ¿Has comprendido? Apunta la información sobre el artículo.

1. el lugar del conflicto _____

2. los delitos _____

3. la solución de los estudiantes _____

4. el caso más grave _____

   _____

5. la reacción de la Policía Nacional _____

TALLER

9-17 Antes de escribir. Piensa en una crisis social que afecta a los estudiantes de tu universidad. Apunta varios síntomas de este problema. ¿Hay algo que se pueda hacer para prevenir, reducir o eliminar el problema? Haz una lista de soluciones.

9-18 A escribir. Escribe un editorial para el periódico universitario en el que expliques el problema. Usa el *se* impersonal para enumerar los ejemplos. Luego desarrolla tus sugerencias sobre cómo hacer frente a la crisis. Intenta usar palabras indefinidas y negativas para expresar tus ideas.

9-19 Después de escribir. Junta tu artículo con el de tus compañeros para producir un pequeño periódico. Pueden hacer fotocopias o enviarlo vía correo electrónico a los estudiantes de español y a sus profesores.

Lab Manual
Nuestra sociedad en crisis

PRIMERA PARTE
¡Así lo decimos! VOCABULARIO

9-20 Los crímenes aumentan. El aumento de la tasa de delitos y crímenes en algunos países hispanoamericanos es alarmante. En la siguiente grabación escucharás una narración sobre este tema. Escucha la grabación cuantas veces sea necesario y luego llena los espacios en blanco con la palabra que escuches.

El presidente de El Salvador piensa que las sentencias deben ser más largas para

(1) _____. En El Salvador, entre enero y junio del 2004, hubo 1,257

(2) _____. En México si eres famoso y no tienes

(3) _____, alguien te puede

(4) _____. La gente que no puede contratar a

(5) _____ para que los proteja en sus casas, debe

(6) _____ para no ser víctima de este delito.

9-21 ¿Qué significa esta palabra? Unos reporteros leshan salido a la calle y les han preguntado a varias docenas de niños si saben el significado de las siguientes palabras relacionadas con la delincuencia. A continuación escucharás definiciones que corresponden a las siguientes palabras de la sección ¡*Así lo decimos*! Lee la lista de palabras y después de escuchar las definiciones, decide qué palabra corresponde a cada definición.

a. asesino   c. delincuente   e. contrabandista   g. agente secreto

b. ladrón   d. traficante   f. guardaespaldas

1. _____

2. _____

3. _____

4. _____

5. _____

¡Así lo hacemos! ESTRUCTURAS

1. The pluperfect subjunctive

9-22 Confesiones de un delincuente. Manuel es un chico que confiesa ser delincuente. Escucha la grabación cuantas veces sea necesario y luego indica si las siguientes frases son ciertas o falsas.

1. _____ Manuel es delicuente porque conoció a Joselito.

2. _____ Manuel ha estado en la cárcel varias veces.

3. _____ Sus enemigos son miembros de una pandilla.

4. _____ Él habría ido a la cárcel si su amigo Felipe no lo hubiera ayudado a esconderse.

5. _____ Aunque sus padres hubieran tratado de prohibírselo, Manuel se habría tatuado de todas maneras.

9-23 Si alguien hubiera hecho algo. Doña Catalina, una antigua vecina de Manuel, habla sobre él. Escucha la grabación cuantas veces sea necesario y luego llena los espacios en blanco con el pluscuamperfecto de subjuntivo de uno de los siguientes verbos.

conocer	hablar	poner	prestar
dar	interesar	preocuparse	tener

La vida de Manuel habría sido diferente...

1. si Manuel _____ un padre en casa.

2. si la mamá de Manuel le _____ atención a su hijo.

3. si los maestros de Manuel le _____ consejos.

4. si alguien _____ por Manrel cuando era niño.

9-24 Las últimas noticias. Estás escuchando las últimas noticias en un boletín de la radio. Después de cada oración escucharás una pausa. Durante la pausa, da tu opinión usando la frase ¡Ojalá! Debes conjugar el verbo que uses en el pluscuamperfecto de subjuntivo.

MODELO: **Tú escuchas:** Anoche la policía informó que un niño de 10 años se perdió en las montañas.

Tú escribes: Ojalá sus padres hubieran tenido más cuidado.

1. _____

2. _____

3. _____

4. _____

SEGUNDA PARTE
¡Así lo decimos! VOCABULARIO

9-25 El terrorismo. En la radio están emitiendo un programa nuevo sobre el terrorismo. Después de escuchar la grabación, rellena los espacios en blanco con una de las palabras que escuches de la sección *¡Así lo decimos!*

1. Los terroristas _____.

2. Los terroristas tienen _____.

3. Los ciudadanos no nos damos cuenta de que nuestras vidas _____.

4. Nuestro gobierno no nos dice nada para no hacer _____.

5. Yo _____ a que el terrorismo nunca acabará.

6. El problema del terrorismo es un problema _____.

9-26 ¿Sabes cuál es la palabra? Nuestros reporteros de la calle han salido como siempre a preguntarle su opinión a la gente sobre los temas de actualidad. Escucha la siguiente grabación y durante la pausa elige la palabra de la lista que complete la frase lógicamente.

el alcoholismo	la borrachera	juicio	rehabilitarse
amenazar	interrogar	la prostitución	la relajación

1. _____
2. _____
3. _____
4. _____
5. _____

¡Así lo hacemos! ESTRUCTURAS

2. Uses of *se*

9-27 Las organizaciones de servicio comunitario. Felipe y Mireya hablan sobre algunas organizaciones de servicio comunitario. Escucha la grabación cuantas veces sea necesario y luego rellena el espacio en blanco con el *se* impersonal de los verbos de la lista.

> cambiar   deber   necesitar   provenir
> contratar   mejorar   poder

1. _____ donar sangre.

2. _____ más ayuda voluntaria.

3. _____ el nivel de vida de los jóvenes hispanos.

4. _____ ayudar a los niños con quemaduras graves.

9-28 ¿Qué se hace en estos lugares? Aquí tenemos otra ronda (*round*) de preguntas que les han hecho nuestros reporteros de la calle a los transeúntes. Después de cada oración escucharás una pausa. Después de la pausa rellena los espacios en blanco con una oración lógica usando el *se* impersonal.

1. _____

2. _____

3. _____

4. _____

5. _____

9-29 Una ciudad con muchos problemas. Miranda vive en Nandaime, y ahora nos cuenta por qué ya no quiere vivir allí. Escucha la grabación cuantas veces sea necesario. Después completa el párrafo con el *se* más los verbos que escuches. Después indica si se trata del *se* pasivo (*P*) o *se* impersonal (*I*).

Miranda no quiere vivir en Nandaime porque en esa ciudad (1)_____

las escuelas. Otro problema es que no (2)_____ controlar a las

pandillas. Algo muy preocupante es que (3)_____ alcohol a los

menores de 21 años. Sin embargo, el problema más grave que tiene Nandaime es que

(4)_____ drogas en las calles con gran facilidad.

3. Indefinite and negative expressions

9-30 Nuestro departamento de policía. Estás escuchando un anuncio de radio que pertenece a la nueva campaña de publicidad del Departamento de Policía. Tú no estás de acuerdo con lo que escuchas y contradices lo que el anuncio dice. Después de escuchar la grabación, completa el párrafo con una de las siguientes palabras en respuesta a lo que escuchaste.

algo	nadie	no	también
jamás	ni... ni	nunca	tampoco
nada	ningún	siempre	

1. Nuestra policía _____ erradica el crimen en nuestra ciudad.

2. Nuestra policía _____ ha eliminado los homicidios.

3. Nuestra policía _____ captura a los traficantes de drogas _____ a los contrabandistas.

4. Nuestra policía _____ arresta a los delincuentes.

4. _____ quiere ser policía.

9-31 El detector de mentiras. El padre de tu novia te hace tomar una prueba para saber si eres honesto o no. A continuación escucharás una serie de preguntas que él te hace. Después de cada pregunta escucharás una pausa. Durante la pausa elige cuál de las siguientes frases contesta la pregunta lógicamente.

a. No, no tengo ninguno.

b. No señor, nunca.

c. No tengo problemas ni con uno ni con el otro.

d. No salgo con nadie más.

e. Siempre he querido.

f. No conozco a nadie.

1. _____

2. _____

3. _____

4. _____

9-32 Manuel fue arrestado. Manuel nunca había estado en la cárcel hasta ahora. Él fue arrestado la semana pasada por robar un banco. En la siguiente grabación, doña Consuelo y doña Esperanza hablan sobre el arresto de Manuel. Primero lee la lista de palabras negativas o indefinidas a continuación y luego lee las oraciones que le siguen. Debes identificar qué palabra completa lógicamente la oración. Luego, escucha la grabación para comprobar tus respuestas.

A

a. alguno   d. nunca   g. también
b. o   e. tampoco   h. ningún
c. siempre   f. jamás   i. ninguno

B.

1. Su madre _____ le dio atención porque trabajaba todo el tiempo.

2. Él _____ estaba solo en su casa sin supervisión.

3. _____ tuvo una figura paterna en su vida.

4. _____ de sus maestros se preocupó por él.

5. No sé si lo van a declarar culpable _____ inocente.

CONEXIONES

9-33 ¿La drogadicción se aprende en casa? Escucha un resumen de lo que los especialistas piensan de la relación entre la drogadicción y el ámbito familiar. Escucha la grabación cuantas veces sea necesario y luego indica si las siguientes oraciones son ciertas o falsas.

1. _____ Muchas personas piensan que la razón principal por la que la gente se inicia en el consumo de drogas es porque el hábito se aprendió en casa.

2. _____ Algunos educadores creen que lo más importante en la vida de un ser humano es lo que se hereda genéticamente.

3. _____ Algunos educadores creen que lo más importante en la vida de un ser humano es lo que se aprende en casa.

4. _____ Algunos educadores creen que los adictos pueden provenir de hogares donde se consumen o no se consumen drogas o alcohol.

5. _____ Según la grabación, las medicinas para inducir el sueño son drogas adictivas.

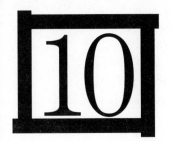

Workbook
El empleo y la economía

PRIMERA PARTE
¡Así lo decimos! VOCABULARIO

10-1 Noticias financieras. Dolores está leyendo los titulares de la sección de economía y finanzas del periódico local. Completa los titulares con las palabras de *¡Así lo decimos!*

beneficios	empresario	retiro
bienes raíces	entrevistas	solicitar
Comisión	jubilarse	sueldo
ejecutivos	puestos	tiempo completo

♦ El famoso (1)_____ Gabriel Saldaña y los demás

(2)_____ de la compañía UMBRAL van a reunirse el martes a las

3:30 PM para anunciar sus nuevos productos.

♦ El economista Pedro Bruguera dijo ayer: «Los jóvenes que comienzan a trabajar generalmente

no piensan en su (3)_____ porque no piensan en su vejez ni en

tener que (4)_____ algún día».

♦ La (5)_____ Reguladora de Productos Electrónicos (CRPE) tendrá

su convención anual en el Hotel Los Pinos.

♦ El (6)_____ medio (*average*) de ese país es $30.000 al año.

♦ Hay diez nuevos (7)_____ disponibles en el Banco Central. Si le

interesa a Ud. (8)_____ alguno de los puestos, favor de enviar su

currículum vitae a la directora de personal. Las (9)_____ para

estos puestos comenzarán el mes próximo. Todos los puestos son de

(10)_____ (de 9 AM a 5 PM de lunes a viernes).

♦ La industria de (11)_____ está más fuerte que nunca. ¡Cada día más familias quieren tener su propia casa!

♦ Las Empresas Núñez han ganado el prestigioso premio anual CRPE por ofrecerles a sus empleados un sueldo alto y muchos (12)_____.

10-2 Una solicitud de empleo. Dolores habla de un trabajo que ha solicitado. Completa el párrafo usando estas palabras de *¡Así lo decimos!*

> disponibles   me presente   tiempo parcial
> dispuesta   puesto   ventas
> entrenamiento solicité

Mañana tengo una entrevista para un (1)_____ como intérprete en una empresa multinacional. (2)_____ el trabajo porque creo que tengo las cualificaciones necesarias. Hice la carrera universitaria en alemán y japonés y hablo los dos idiomas con fluidez. También participé en un cursillo de (3)_____ para intérpretes en el mundo de los negocios. Trabajé dos años con un distribuidor de computadoras en el departamento de (4)_____, donde consultaba con los clientes extranjeros. Decidí cambiar de compañía porque prefiero un trabajo a (5)_____. Sólo voy a estar (6)_____ para trabajar tres días a la semana. Además, me gustaría tener un sueldo fijo en vez de trabajar a comisión. Estoy (7)_____ a negociar el salario con esta nueva compañía. Cuando (8)_____ para la entrevista mañana podremos hablar del asunto.

¡Así lo hacemos! ESTRUCTURAS

1. Indirect speech

10-3 Una entrevista de trabajo. Dolores hizo su entrevista ayer y ahora le está contando los detalles a un amigo. Reformula las preguntas que el jefe de la compañía le hizo y exprésalas en estilo indirecto.

> MODELO: ¿Cuánto dinero espera ganar este año?
> En la entrevista el jefe me preguntó cuánto dinero esperaba ganar este año.

1. ¿Cuántos años de experiencia práctica tiene Ud.?

   _____

2. ¿Dónde estudió Ud. la carrera universitaria?

   _____

3. ¿Podrá Ud. trabajar cuarenta horas semanales?

   _____

4. ¿Estará Ud. disponible para el entrenamiento en quince días?

   _____

5. ¿Qué beneficios exige Ud.?

   _____

6. ¿Le importa que le entrevistemos una segunda vez?

   _____

10-4 Una reunión con la supervisora. Nuria, una amiga de Dolores, tuvo una reunión con su supervisora para hablar de su progreso y ahora su colega quiere saber qué le dijo. Completa el diálogo con la forma apropiada de los verbos entre paréntesis.

MARCOS: ¿Qué pasó en la reunión? ¿La supervisora te habló de los proyectos que ya hiciste este año?

NURIA: Sí, me dijo que yo (1)_____ (hacer) bien los proyectos que llevé a cabo este año.

MARCOS: ¿Ustedes discutieron las responsabilidades que tienes ahora?

NURIA: Claro, me preguntó si me (2)_____ (gustar) mi puesto actual y si (3)_____ (haber) algo que quisiera cambiar.

MARCOS: Entonces, ¿le mencionaste lo del aumento?

NURIA: Bueno, ella preguntó si (4)_____ (estar) satisfecha

con las condiciones de trabajo y le expliqué que en este momento no

(5)_____ (ganar) suficiente y que

(6)_____ (querer) un aumento.

MARCOS: ¿Te lo concedió?

NURIA: ¡Sí! En un mes me aumentarán el sueldo. Le pregunté cuánto dinero me

(7)_____ (dar) y me prometió cinco dólares más

por hora. Además, me dijo que me (8)_____ (promover)

el año que viene.

MARCOS: ¡Enhorabuena!

10-5 Ventas. Adán trabaja en el departamento de ventas de un distribuidor de equipo industrial. Completa sus apuntes de una conversación con un cliente con la forma apropiada de los verbos.

crecer	mandar	producir
estar	pensar	ser
haber	poder	tener

Ayer hablé con la gerente de una fábrica de automóviles. Me dijo que en los dos últimos años su negocio

(1)_____ mucho y que necesitaba más equipo de producción para

cumplir con las demandas. Le pregunté cuántos automóviles (2)_____ el

año pasado y cuántos (3)_____ fabricar este año. Concluimos que su

fábrica necesitará ocho válvulas hidráulicas nuevas. Ella me preguntó si nosotros

(4)_____ válvulas disponibles, pero en este momento sólo hay cuatro

en el almacén. Me preguntó si las otras válvulas (5)_____ listas para la

próxima semana y le contesté que sí. Luego me preguntó si (6)_____

alguien en nuestra compañía que pudiera ofrecerle apoyo técnico. Quería saber si uno de nuestros

técnicos la (7)_____ ayudar a montar el equipo cuando se lo

entreguemos. Le aseguré que nuestra compañía (8)_____ conocida por

su buen servicio. Le prometí que yo (9)_____ a dos empleados a su

fábrica para ayudarlas con las válvulas.

SEGUNDA PARTE

¡Así lo decimos! VOCABULARIO

10-6 El Banco Hispano. Un empleado del Banco Hispano está conversando con un nuevo cliente. Completa la conversación con estas palabras de *¡Así lo decimos!*

ahorrar	cuenta de ahorros	préstamo	tarjeta de crédito
cajeros automáticos	fondos	sacar	tasa
cuenta corriente	por ciento	sobregiro	

CLIENTE: Quiero abrir una (1)_____. ¿Son gratis los cheques? ¿Requieren Uds. una cantidad mínima?

BANQUERO: Los cheques son gratis pero requerimos una cantidad mínima de $500.

CLIENTE: Muy bien. Otra pregunta: ¿Cuál es el cargo si yo (2)_____ un cheque?

BANQUERO: Por cada cheque sin (3)_____ le cobraríamos a Ud. la cantidad de $30. ¿Puedo servirle en algo más? ¿Alguna otra pregunta?

CLIENTE: Sí. También quisiera abrir una (4)_____. Tengo un hijo pequeño y quiero empezar a guardar dinero para su educación universitaria.

BANQUERO: Si quiere (5)_____, nuestro banco le ofrece

la mejor (6)_____ de intereses: el 3.5

(7)_____.

CLIENTE: Excelente. También quisiera saber si podré obtener una

(8)_____.

BANQUERO: ¡Por supuesto! Ofrecemos *Visa* y *MasterCard*. Puede llenar la solicitud

ahora mismo si lo desea. Ud. también obtendría una tarjeta que le permitirá

(9)_____ dinero de miles de

(10)_____ en todo el mundo. También le servirá para

pagar en las tiendas.

CLIENTE: Muchas gracias por su ayuda. Quisiera consultarlo con mi esposa.

BANQUERO: Ha sido un placer. ¿Alguna otra cosa?

CLIENTE: ¡Ah, sí! ¡Casi lo olvido! Quizás necesite un (11)_____ para poder abrir un pequeño negocio. ¿Cuáles son sus intereses?

BANQUERO: Depende del tipo y de la cantidad que necesite.

CLIENTE: Muy bien. Gracias otra vez.

BANQUERO: De nada. Espero que regrese pronto.

10-7 ¡Doctor, tengo un problema! La Srta. Gadián acude a ver al Dr. Pérez, un eminente psiquiatra. Completa la conversación entre la Srta. Gadián y el Dr. Pérez con estas palabras de *¡Así lo decimos!*

ahorros	facturas	prestar	saldo
cajero automático	gastar	presupuesto	tarjetas de crédito
cuenta corriente	hipoteca	riesgo	tasa
en efectivo	ingreso		

DR. PÉREZ: Buenas tardes Srta. Gadián. Mucho gusto. Dígame: ¿en qué puedo ayudarla?

SRTA. GADIÁN: Dr. Pérez, tengo un problema psico-económico.

DR. PÉREZ: ¡¿Un problema psico-económico?!

SRTA. GADIÁN: Sí, Doctor. Tengo 43 (1)_____: varias *Visa*, varias *MasterCard*, la *American Express*, la *Discover*, la *Diners Club* y las de todas las tiendas de la ciudad.

DR. PÉREZ: Hmm... Continúe, por favor.

SRTA. GADIÁN: Doctor, si veo un (2)_____ no puedo controlar el impulso de sacar dinero. ¡Y despúes tengo qué (3)_____ lo!

DR. PÉREZ: Hmm... Interesante...

SRTA. GADIÁN: Doctor, he gastado todos mis (4)_____; estoy desesperada... ¡No sé qué hacer! Tengo la necesidad insaciable de tener mucho dinero (5)_____ en mi cartera (*purse*). ¡Necesito verlo!... ¡tocarlo!... ¡olerlo!

DR. PÉREZ: Ud. tiene un problema grave. Necesita ayuda. Yo puedo ayudarla.

SRTA. GADIÁN: ¡Gracias, Doctor! Entonces ¿puede Ud. (6)_____ me los $87.158 que debo (*owe*)?

DR. PÉREZ: Señorita, no se trata de ese tipo de ayuda. ¡No soy un banco! ¡Soy médico! Ud. necesita comenzar inmediatamente un tratamiento intensivo. Además debe resolver su situación financiera. Le aconsejo que llame a NO MÁS DEUDAS (NMD), una organización que ayuda a las personas como Ud. que deben mucho dinero a las compañías de tarjetas de crédito.

SRTA. GADIÁN: ¿Sólo me ayudarían con las tarjetas de crédito?

DR. PÉREZ: Sí. Ud. probablemente no podrá deshacerse de (*get rid of*) gastos como el alquiler o

la (7)_____ de la casa, los préstamos del banco o los

pagarés, porque la cantidad que paga cada mes sólo cubre el interés que va

acumulándose. NMD la podrá ayudar a organizar estas deudas y evitar el

(8)_____ de declararse en bancarrota personal. NMD le

pagará el (9)_____ del dinero prestado y, a cambio (*in*

exchange), Ud. le reembolsará a la organización a plazos. En vez de recibir muchas

(10)_____ cada mes, NMD le sacará una cantidad fija

(*fixed*) directamente de su (11)_____. La

(12)_____ de interés del servicio de NMD es muy baja,

y así no perderá mucho dinero. Además, la ayudarán a hacer un

(13)_____ para no gastar más de lo que Ud. puede,

según los límites de su (14)_____ anual.

SRTA. GADIÁN: Hmm...

DR. PÉREZ: ¿Qué piensa? ¿Le interesa solucionar sus problemas financieros y comenzar un
tratamiento psiquiátrico conmigo para prevenir sus impulsos compulsivos?

SRTA. GADIÁN: Hmm... Doctor, discúlpeme. Tengo que irme. ¡Hay una venta especial en Macy's!

¡Así lo hacemos! ESTRUCTURAS

2. The relative pronouns *que, quien,* and *lo que,* and the relative adjective *cuyo*

10-8 Un problema financiero. Javier pagó con un cheque sin fondos que tuvo consecuencias negativas. Combina la información para escribir una oración completa en cada caso. Usa los detalles entre paréntesis para escribir una cláusula no restrictiva introducida por el pronombre relativo apropiado (*que, lo que, quien, a quien, con quien*).

MODELO: Tengo una cuenta corriente en el Banco Cinco. (La cuenta no tiene muchos fondos.)
Tengo una cuenta corriente en el Banco Cinco que no tiene muchos fondos.

1. Hace una semana le hice un cheque a Miguel. (Miguel me había reparado el coche.)

_____

2. El cheque era por $100. ($100 fue el precio de la reparación.)

_____

3. En la cuenta sólo había $90. (No había usado la cuenta por varios meses.)

_____

4. El cajero del banco me llamó cuando vio el error. (Conozco al cajero.)

_____

5. Después, recibí una llamada de Miguel. (Miguel estaba furioso.)

_____

6. El banco de Miguel le cobró una multa por depositar el cheque sin fondos snficientes. (El banco de Miguel tiene condiciones muy estrictas.)

_____

7. Miguel tuvo que pagar $15. (Esto no le gustó nada a Miguel.)

_____

8. Ahora Miguel no me quiere perdonar. (Yo consideraba a Miguel un buen amigo mío.)

_____

10-9 Un banquero. El Sr. Quiñones es un banquero que tiene muchas citas hoy. Completa las oraciones con la forma apropiada de *cuyo* o *de quién*, según el contexto.

1. En cuanto abra el banco tengo que hablar con la pareja _____ cuenta de ahorros tiene un error.

2. A las diez voy a escribirle un recibo al señor _____ préstamo está pagado.

3. Tengo que reunirme con los empleados _____ balances de caja no se hicieron la semana pasada.

4. Debo escribir cartas a los clientes _____ cuentas corrientes están sobregiradas.

5. No sé _____ es la cartera que encontraron aquí ayer, pero esta tarde intentaré encontrar al dueño.

6. Por la tarde tengo una cita con una pareja _____ casa está hipotecada.

7. A las cinco voy a llamar a la Sra. Montero, _____ talonario de cheques fue robado.

8. Quiero averiguar _____ es el dinero que depositamos por equivocación en la cuenta de otro cliente.

10-10 Un plan de beneficios. La directora de personal de la empresa TC envía una circular (*memo*) a todos los empleados. Completa la circular con *que, quien, lo que* o *cuyo*.

De: Directora de personal
A: Empleados de TC
Asunto: Beneficios

Ayer asistí a una reunión con el jefe de la compañía, (1)_____ nos

explicó un nuevo plan de beneficios (2)_____ van a implementar en un

mes. Todos los empleados (3)_____ llevan más de un año con la

compañía tendrán un mes de vacaciones al año. Este plan no incluye a las personas con

(4)_____ la compañía firmó un contrato este año,

(5)_____ vacaciones serán de dos semanas, como se indica en las

condiciones (6)_____ están descritas en el contrato. Se establecerá un

sistema de comisión para los empleados (7)_____ trabajan en el

departamento de ventas. Los empleados (8)_____ ventas sobrepasen la

cuota mensual recibirán una comisión del 5% de (9)_____ vendieron.

Habrá cambios en el seguro médico. Todos tendrán que elegir a un médico con

(10)_____ consultarán en caso de enfermedad. Si tienen un problema

(11)_____ este médico no puede tratar, éste recomendará a otro

médico (12)_____ campo de especialización es más adecuado.

(13)_____ más me interesó de (14)_____

se presentó en la reunión fue el nuevo plan de retiro (15)_____ van a

implementar este mes. La compañía depositará dinero en una cuenta de retiro para los empleados,

(16)_____ también contribuirán con cierta cantidad mensual. Si tienen

preguntas sobre (17)_____ explico aquí, vengan a verme.

Gracias.

3. The relative pronouns *el/la cual* and *los/las cuales*

10-11 Un viaje al extranjero. Maripaz va a hacer un viaje a España y necesita preparar el dinero que va a llevar consigo. Completa las oraciones con *el cual, la cual, los cuales* o *las cuales*.

1. Mañana tengo que cambiar dinero en un banco, _____ abre a las diez.

2. Debo pedirle al cajero 120 euros, _____ usaré para el transporte público y las comidas en España.

3. El banco me va a cobrar una cantidad por cambiar el dinero, _____ es mínima.

4. Voy a pagar las cuentas de mis tarjetas de crédito, sin _____ no podré hacer compras en Europa.

5. Pienso pedir unos cheques de viaje, con _____ pagaré el hotel.

6. Quiero una tarjeta para el cajero automático, _____ usaré en España si necesito sacar más dinero.

10-12 Una nueva cuenta. Completa la conversación en la que Eugenia y un banquero discuten los servicios que ofrece el banco. Usa *el cual, la cual, los cuales* o *las cuales*.

EUGENIA: Buenos días. Quisiera abrir una cuenta en (1)_____ pueda depositar automáticamente mi cheque del sueldo.

BANQUERO: ¿Prefiere una cuenta corriente o de ahorros? Las dos son cuentas con

(2)_____ puede hacer un depósito automático, pero hay

diferencias en el interés, (3)_____ le voy a explicar ahora.

La cuenta corriente le paga un interés variable, (4)_____

depende de la cantidad de dinero que tenga. Obviamente esta cuenta le ofrece la

comodidad de hacer cheques, con (5)_____ puede pagar

sus gastos mensuales. La cuenta de ahorros requiere un depósito mínimo, por

(6)_____ le ofrecemos un interés de 5%. También

tenemos una cuenta de ahorros con (7)_____ podría

ganar el 7% del total pero tendría que abrir la cuenta con cinco mil dólares,

(8)_____ no podría sacar por un año.

EUGENIA: Prefiero una cuenta corriente. Aquí tengo un cheque con
(9)_____ quiero abrir la cuenta.

BANQUERO: Muy bien. ¿Necesita algo más?

EUGENIA: Sí, necesito una caja fuerte para mis documentos importantes.

BANQUERO: Puede alquilar una caja fuerte pequeña, en (10)_____ puede guardar sus documentos, por $5 al mes.

EUGENIA: Perfecto.

10-13 Consejos financieros. Un asesor le da consejos financieros a un cliente. Combina la información y escribe oraciones completas con *el cual, la cual, los cuales* o *las cuales*.

1. Ud. debe cerrar la cuenta en el banco universitario. Ese banco tiene unos índices de interés muy bajos.

_____

_____

2. Es mejor depositar el dinero en una cuenta de ahorros. Una cuenta de ahorros puede darle hasta el 6% de lo que tiene.

_____

_____

3. Ud. puede invertir una suma modesta en la Bolsa. La suma probablemente se multiplicará dentro de unos meses.

_____

_____

4. También puede invertir en bonos del Estado. Éstos son un poco menos rentables, pero tienen menos riesgos.

_____

_____

5. No pague sus compras con su tarjeta de crédito. La tarjeta de crédito cobra mucho interés.

_____

_____

6. Haga un presupuesto para sus gastos. El presupuesto lo ayudará a manejar sus finanzas.

_____

_____

7. Cuando compre una casa, pida un préstamo a largo plazo. El préstamo lo obliga a pagar muy poco al mes.

_____

_____

CONEXIONES
Páginas

10-14 Antes de leer. Estudia el siguiente vocabulario que encontrarás en la lectura. Luego responde las preguntas de la actividad.

Vocabulario clave

alentador	*encouraging*	**mayormente**	*mainly*
así como	*as well as*	**pertenecer**	*to belong*
aumentar	*to increase*	**poder adquisitivo**	*spending power*
bodega	*small grocery store*	**recurso**	*resource*
destacar	*to stand out*		

1. ¿Puedes nombrar alguna industria en la que destaquen los latinos?
   a. alimentación
   b. finanzas (bancos...)
   c. hostelería (bares, restaurantes...)
   d. pequeños negocios
   e. tecnología
   f. entretenimiento (TV, cine, música)
   g. construcción
   h. medicina
   i. educación
   j. moda
   k. otros: _____

2. En tu opinión, ¿a qué se debe que la población latina se vea generalmente relacionada a ciertas profesiones y áreas de desarrollo y no a otras?
   a. nivel de educación
   b. nivel económico
   c. falta de apoyo del gobierno
   d. intereses personales
   e. otros: _____

3. ¿Crees que la industria latina está creciendo y abriéndose a otros campos?   Sí   No

   ¿Por qué? _____

   Para saber más acerca de este tema, lee la lectura.

10-15 A leer

Crece y se diversifica la industria latina en los Estados Unidos

Según los expertos en comercio y economía, los negocios hispanos han experimentado un gran avance en los últimos 20 años y el futuro es aún más alentador. Además, es importante destacar la variedad de industrias en las que estos negocios han tenido éxito. Antes los hispanos mayormente se asociaban con la industria de la alimentación. Hoy los latinos se destacan en otros tipos de industrias, como las altas tecnologías, la construcción, las telecomunicaciones y la informática. Cada vez hay más compañías importadoras y exportadoras que pertenecen a hispanos, así como pequeños negocios en las grandes ciudades como tiendas, talleres mecánicos, restaurantes, bodegas, supermercados e incluso bancos.

Aunque la industria alimenticia continúa siendo la predominante entre los empresarios hispanos, la siguen en orden de importancia los comercios de automóviles, mercancía general, ropa y accesorios, y muebles.

Sin duda el nivel de educación así como el poder adquisitivo de los hispanos en los Estados Unidos está aumentando cada vez más. Quizá también se deba a la existencia de organizaciones privadas y gubernamentales que ofrecen una variedad de servicios a los hispanos aspirantes a ser dueños o administradores de negocios. Algunos de estos servicios incluyen análisis de necesidades, revisión del plan de negocios, asesoría en el comienzo del negocio, ayuda en el comercio, información sobre recursos comerciales, subvenciones del gobierno, referencias de otros negocios y cursillos de dirección de empresas.

10-16 Después de leer. ¿Has comprendido? Apunta de la manera más completa posible la información del artículo.

1. el crecimiento de los negocios latinos

_____

2. el poder de compra-venta de los latinos en los Estados Unidos

_____

3. la industria más importante en el sector hispano

_____

4. otras industrias en las cuales los latinos han estado destacándose últimamente

_____

5. razones para el crecimiento y la diversificación de las empresas latinas en los últimos 20 años

_____

6. algunos servicios que las organizaciones y el gobierno ofrecen a los empresarios latinos

_____

TALLER

10-17 Antes de escribir. Piensa en un problema que tuviste con una tarjeta de crédito, un préstamo, una cuenta corriente o un cajero automático.

10-18 A escribir. Escribe una composición en la que expliques detalladamente el problema y su resolución.

10-19 Después de escribir. Intercambia tu composición con la de un compañero (una compañera) y, usando el estilo indirecto, explícale a la clase el problema de tu compañero/a.

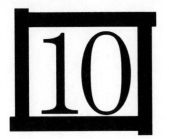

Lab Manual
El empleo y la economía

PRIMERA PARTE

¡Así lo decimos! VOCABULARIO

10-20 Busco empleo. Fernando está buscando empleo y nos cuenta cómo le va en la búsqueda. Escucha la grabación cuantas veces sea necesario y luego completa las oraciones con las palabras que escuches de *¡Así lo decimos!*

Fernando está (1)_____. Él busca un trabajo a

(2)_____. Él ha (3)_____ un empleo

(4)_____ y otro como (5)_____. Él

está (6)_____ a trabajar en cualquier cosa porque necesita el dinero

para pagar sus deudas.

10-21 ¿Sabes cuál es la palabra? Los reporteros de la calle han salido para saber qué piensa la gente acerca de las profesiones de hoy en día. En la siguiente grabación escucharás una serie de frases incompletas. Durante la pausa elige la palabra de la lista que complete la oración lógicamente.

> el arquitecto   corredora de bolsa   la enfermera
> bienes raíces   la diseñadora   el ingeniero
> contabilidad   la doctora   el mecánico

1. _____
2. _____
3. _____
4. _____
5. _____

¡Así lo hacemos! ESTRUCTURAS

1. Indirect speech

10-22 La entrevista de ayer. Fernando le cuenta a su amiga Marisela sobre la entrevista que tuvo ayer. Escucha la grabación cuantas veces sea necesario y luego indica si las siguientes oraciones son ciertas o falsas.

1. _____ Fernando dice que ayer tuvo una entrevista de trabajo en un supermercado.

2. _____ Marisela le pregunta con quién habló en la entrevista.

3. _____ Fernando le responde que cree que todo salió bien.

4. _____ Marisela le pregunta sobre las preguntas que le hicieron.

5. _____ Fernando le contesta que el gerente le preguntó qué cuando podía empezar a trabajar.

6. _____ Marisela le pregunta si dijo la verdad durante la entrevista.

7. _____ Fernando le responde que sí dijo la verdad.

10-23 Marisela informa. Marisela nos cuenta lo que Isabel le dijo ayer. Escucha la grabación cuantas veces sea necesario y luego rellena los espacios en blanco con el verbo que escuchaste.

Isabel me dijo que (1)_____ su empleo y que por esa razón no

(2)_____ sus tarjetas de crédito. Yo le pregunté que si

(3)_____ con sus padres. Ella me contestó que les

(4)_____ que necesitaba dinero pero que ellos no la

(5)_____ . A su padre lo (6)_____ hacía

tres meses.

10-24 Falsas promesas. Imagínate que tienes un jefe mentiroso. A continuación escucharás una serie de promesas que él te hizo hace algún tiempo y todavía no las ha cumplido. Después de cada oración, escucharás una pausa. Durante la pausa completa las siguientes oraciones.

MODELO: **Tú escuchas:** Le informo que muy pronto tendrá una nueva oficina.
           Tú escribes: Usted me informó que muy pronto tendría una nueva oficina.

1. Usted me prometió que me _____ un ascenso.

2. También me dijo que _____ un aumento de sueldo.

3. Me aseguró que _____ acciones de la compañía.

4. Me dijo que mi nuevo puesto _____ divertido y emocionante.

5. La última mentira que me dijo es que no _____ más de ocho horas al día.

SEGUNDA PARTE
¡Así lo decimos! VOCABULARIO

10-25 Perdí mi cartera. Paulina perdió su cartera y ahora tiene problemas. En la siguiente grabación ella nos cuenta su problema. Escucha la grabación cuantas veces sea necesario y luego completa las oraciones con una de las palabras que escuches.

Alguien le robó la cartera a Paulina y ahora su (1)_____ está

(2)_____. Esta persona usó (3)_____

para (4)_____ todo el dinero de su cuenta. Paulina piensa que este

problema la llevará a (5)_____.

10-26 ¿Sabes cuál es la palabra? Paulina está pasando por un momento realmente malo. En la siguiente grabación escucharás una serie de frases incompletas. Durante la pausa elige la palabra de la lista que completa la oración lógicamente.

el alquiler	financiar	impuestos	prestar
depositado	gastado	invertir	presupuesto
la deuda	gasto		

1. _____

2. _____

3. _____

4. _____

5. _____

¡Así lo hacemos! ESTRUCTURAS

2. The relative pronouns *que, quien,* and *lo que,* and the relative adjective *cuyo*

10-27 Las finanzas. Estás hablando con tu hermana por teléfono, pero hay interferencias. A continuación escucharás una serie de frases que están incompletas. Al final de cada frase, escucharás una pausa. Durante la pausa elige una de las siguientes frases para formar una oración lógica.

> MODELO: **Tú escuchas:** He cerrado la cuenta corriente.
> **Tú eliges:** He cerrado la cuenta corriente que tengo en ese banco.

a. _____ que le presté la semana pasada.

b. _____ quien hablé me devolvió el dinero.

c. _____ quién es la tarjeta de crédito que encontré en la calle.

d. _____ que solicité fue aprobada.

e. _____ que me recomendaste me ahorró mucho dinero en impuestos.

10-28 Un grave error. Fernando tiene un gran problema con su cuenta corriente. En la siguiente grabación, él nos cuenta su problema. Primero completa el siguiente párrafo con los pronombres relativos *que, quien, cuyo* o *lo que.* Después escucha la grabación para verificar tus respuestas.

En cuanto abra el banco tengo que hablar con la cajera (1)_____ hizo

el depósito en mi cuenta. La cajera, (2)_____ hermano es mi mejor

amigo, no es muy eficiente. El otro día deposité un cheque de mil dólares y según el saldo, sólo tengo

cien dólares en mi cuenta. El error (3)_____ hay en mi cuenta es muy

grave. (4)_____ me tiene más preocupado es que la cuenta va a estar

sobregirada. No sé de quien será la culpa, pero alguien tendrá que arreglar este error hoy mismo.

10-29 ¿Cuál es la razón? Vuelve a leer el párrafo de la actividad anterior, 10-28, «Un grave error». Luego escribe el pronombre relativo que escribiste en el espacio en blanco y explica por qué se usa.

MODELO: **Tú lees:**   Rosaura es la cajera con quien hablé en el banco.
Tú escribes: quien [*refers to a person, follows a preposition*]

1. _____
2. _____
3. _____
4. _____

3. The relative pronouns *el/la cual* and *los/las cuales*

10-30 Mi familia. En el siguiente ejercicio Paulina nos describe a algunos miembros de su familia. Escucha la grabación cuantas veces sea necesario y luego identifica de quién está hablando.

MODELO: **Tú escuchas:** La cual es muy buena, me regaló cien dólares.
Tú eliges: Mi madre

1. _____ Mis primas
2. _____ Mi tía Aminta
3. _____ Mi padre
4. _____ Mi abuelo
5. _____ Mis hermanos

10-31 El Banco Popular. El Banco Popular acaba de emitir su nuevo anuncio por la radio. Escucha la grabación cuantas veces sea necesario e identifica cuál es el pronombre relativo en cada frase y a qué palabra hace referencia.

MODELO: **Tú escuchas:** Nuestros edificios, los cuales son de color verde, están convenientemente localizados por toda la ciudad.
Tú escribes: los cuales / edificios

1. _____
2. _____
3. _____
4. _____

10-32 Ahora es mi turno. Ahora te toca a ti hablar de tus finanzas. A continuación escucharás una lista de palabras, las cuales debes usar para formar una oración original y lógica. En la oración debes usar los pronombres relativos *el/la cual* y *los/las cuales*.

MODELO: **Tú escuchas:** el depósito
Tú escribes: El depósito, el cual llevé al banco ayer, no aparece en mi saldo.

1. _____
2. _____
3. _____
4. _____

CONEXIONES

10-33 Esta tarjeta te abrirá puertas. A continuación escucharás una serie de preguntas basadas en el anuncio para una tarjeta de crédito que leíste en la página 362 del texto. Después de escuchar la grabación, contesta con oraciones completas las preguntas.

1. _____
2. _____
3. _____
4. _____

Workbook
El tiempo libre

PRIMERA PARTE
¡Así lo decimos! VOCABULARIO

11-1 Un campamento de verano. Eres director/a de un campamento de verano para jóvenes y vas a una escuela a hablar en las clases sobre tu programa. Ayuda a los niños a encontrar actividades que les gusten. Completa el párrafo con estas palabras de *¡Así lo decimos!*

bucear	escalar	navegar
carrera	jinete	pasarlo
equitación	montañismo	remar

♦ Si te gusta explorar y te interesan los ecosistemas submarinos, apúntate para aprender a

(1)_____.

♦ Si te interesa montar en bicicleta, intenta el (2)_____.

♦ ¿Sabes montar a caballo? Puedes mejorar tus habilidades en nuestro curso de

(3)_____. ¡Te convertirás en un verdadero o en una verdadera

(4)_____!

♦ Si te gusta correr, tenemos una (5)_____ de cinco kilómetros el sábado.

♦ Hay una sesión para aprender a (6)_____ en velero, pero sólo puedes participar si sabes nadar.

♦ Si te gustan las actividades más peligrosas, ve con el grupo que va a

(7)_____ montañas el miércoles.

♦ También tendrás la oportunidad de (8)_____ en uno de los lagos más bellos del estado.

♦ Recuerda, la fecha límite (*deadline*) para mandar la solicitud es el 17 de mayo. ¡Anímate! ¡Vas a

(9)_____ muy bien!

11-2 Unas vacaciones divertidas. Jaime le ha escrito una carta a su amiga Lupe contándole lo que hizo durante las vacaciones de verano. Completa la carta con estas palabras de *¡Así lo decimos!*

campamento	damas	pesas
cancha	fogatas	remo
carrera	natación	tienda de campaña

Querida Lupe:

Lo pasé muy bien en el (1)_____ de verano. Participé en muchas

actividades divertidas. El lunes practicamos la (2)_____, lo que me

gustó mucho porque había una piscina enorme. El martes fuimos al gimnasio a entrenar y a levantar

(3)_____. Por la tarde fuimos a una

(4)_____ de tenis y jugamos por un par de horas. El miércoles

hicimos una (5)_____ de diez kilómetros. ¡Gané yo! El jueves

pasamos el día en el lago donde pudimos nadar y hacer (6)_____.

Naturalmente, el viernes estábamos muy cansados y por eso decidimos jugar juegos de mesa en vez

de practicar deportes. Jugamos a las cartas y a las (7)_____. Todas las

noches encendíamos (8)_____ y nos sentábamos alrededor de ellas y

contábamos chistes. Cuando por fin nos acostábamos, estábamos tan cansados que no nos

importaba dormir en la (9)_____.

¡Así lo hacemos! ESTRUCTURAS

1. Sequence of tenses with the subjunctive

11-3 Una maratón. Mauro tiene que escribir un artículo sobre la maratón que tuvo lugar este fin de semana. Completa las oraciones con la forma apropiada del subjuntivo, según el verbo de la primera cláusula.

MODELO: La maratón duró cinco horas.
No me sorprendió que la maratón durara cinco horas.

1. Arantxa Markaida ganó la carrera.

   Los espectadores se alegraron de que _____.

2. Alida Lobo obtuvo el segundo puesto.

   Me extrañó que _____.

3. Álvaro Méndez se torció el tobillo.

   Fue una lástima que _____.

4. Los hermanos Sánchez participaron en la maratón.

   Nos habría sorprendido que no _____.

5. Todos los atletas llegaron a la meta (*finish line*).

   Dudé que _____.

6. Los patrocinadores dieron un premio de mil dólares para el ganador del primer puesto.

   Los organizadores de la maratón pidieron que _____.

7. Se hará la maratón otra vez el año que viene.

   Los aficionados han sugerido que _____.

8. El próximo año la maratón tendrá lugar en Puerto Rico.

   Los patrocinadores habrán querido que _____.

9. Las reglas de la competencia serán más estrictas.

   Me gustaría que _____.

10. La próxima vez participarán más personas.

    Es bueno que _____.

11-4 Entrenamiento. El equipo de fútbol de la universidad empezó el entrenamiento ayer. Cambia las oraciones al pasado para explicar lo que pasó.

1. El entrenador manda que los futbolistas levanten pesas.

   _____

2. Al capitán del equipo le molesta que los otros jugadores no hayan practicado durante el invierno.

   _____

3. No hay nadie que esté en mejor condición física que el portero (*goalie*).

   _____

4. Es una lástima que uno de los jugadores se haya fracturado la pierna.

   _____

5. Los aficionados dudan que el equipo gane el campeonato este año.

   _____

6. Los jugadores prefieren que el entrenador no les haga correr tantas millas.

   _____

11-5 El paracaidismo. Laura es instructora de paracaidismo. Completa lo que le dice a un grupo de principiantes con la forma apropiada del subjuntivo.

¡Buenos días! Me alegro de que Uds. (1)_____ (apuntarse) para este

curso de paracaidismo. Me gusta que (2)_____ (haber) tanto interés

en el deporte. Espero que todos ya (3)_____ (leer) la información en

el folleto que les dimos cuando se inscribieron en el curso. El paracaidismo puede ser peligroso y es

importante que todos (4)_____ (entender) los riesgos. Por eso hemos

pedido que (5)_____ (firmar) un contrato para eliminar nuestra

responsabilidad en caso de accidente. El folleto también explica el equipo que necesitarán para la

actividad . Preferiría que todos (6)_____ (comprar) un paracaídas lo

antes posible porque es probable que (7)_____ (ensayar) el uso del

equipo dentro de unos días. Me imagino que Uds. esperaban que hoy

(8)_____ (empezar) a tirarnos de la avioneta, pero sería mejor que

Uds. (9)_____ (tener) una idea muy clara de lo que tienen que hacer

antes de subirse en el avión. Además, el Instituto Nacional de Paracaidismo ha recomendado que los

principiantes (10)_____ (estudiar) la tecnología que se va a usar antes

de intentar este deporte. Sé que a Uds. les habría gustado que

(11)_____ (ir) directamente a la parte divertida de la actividad, pero

debemos hacer todo lo posible para evitar un accidente.

11-6 El buceo. Paco acaba de aprender a bucear. Completa el párrafo con la forma apropiada del subjuntivo, indicativo o infinitivo.

El mes pasado empecé a tomar lecciones de buceo. Fue importante que

(1) _____ (tomar) el curso de entrenamiento primero

porque quería que los instructores me (2) _____ (enseñar) a

utilizar el equipo. Además, en muchos lugares se requiere que los buzos (*divers*)

(3) _____ (tener) el certificado antes de empezar a participar en esta

práctica. Ayer el instructor sugirió que yo (4) _____ (meterse) en el

agua con el equipo de buceo por primera vez. ¡Nunca he tenido una experiencia como ésta! Esperaba

que el buceo me (5) _____ (gustar), pero me sorprendió que la vista

(6) _____ (ser) tan impresionante. Dudaba que los animales marinos

(7) _____ (quedarse) en la zona donde estaba yo, pero muchos de los

peces permanecieron allí tranquilos. Intenté no hacer movimientos rápidos para que no

(8) _____ (asustarse). Fue una pena que el instructor me

(9) _____ (hacer) volver arriba tan pronto pero él sólo quería que

(10) _____ (estar) unos minutos en el agua. Espero que la próxima vez

me (11) _____ (permitir) pasar más tiempo en el agua. Preferiría que

la próxima vez nosotros (12) _____ (ir) a un sitio donde el agua

(13) _____ (estar) más clara. Me gustaría que el instructor

(14) _____ (buscar) un sitio con menos contaminación. Ojalá que

(15) _____ (poder) ir al Caribe, pero no tengo dinero para eso.

SEGUNDA PARTE

¡Así lo decimos! VOCABULARIO

11-7 Una agenda. Clara ha apuntado en su agenda todas las actividades que tiene planeada para esta semana, pero se le han borrado algunas cosas. Ayúdala. Completa la agenda de Clara con las palabras apropiadas de *¡Así lo decimos!*

afición	bordar	estampillas	máquinas tragamonedas	parchís	salir de parranda
banyi	coser	exhibir	naipes	recreo	

sábado, 18 de abril

9:00
En la clase de artesanía vamos a aprender a
(1)_____. Traer hilos de colores,
tela y una lupa.

11:00
En la oficina de correos se van a
(2)_____ colecciones de
(3)_____ antiguas.

13:00
Voy a jugar al póquer con Amalia. Tengo que
traer los (4)_____.

15:00
Tengo que (5)_____ mis pantalones
rotos.

17:00
Voy a jugar al (6)_____ con Federico
en su casa.

21:00
María, Ana y yo vamos a (7)_____.
¡Vamos a trasnochar!

11-8 En el casino. Félix trabaja en un casino desde hace unos meses. Le escribe a un amigo para contarle cómo le va. Completa el párrafo con estas palabras de *¡Así lo decimos!* Recuerda hacer los cambios pertinentes según el contexto.

afición	diestro/a	salir de parranda
apuesta	jugada	trasnochar
carta	máquina tragamonedas	

Me fascina mi trabajo en el casino porque varía mucho de un día a otro. A veces trabajo en la mesa

de póquer y me toca repartir las (1)_____ a los clientes. De vez en

cuando trabajo en la caja y cambio las fichas (*chips*) que los clientes usan para hacer sus

(2)_____. Pero la mayoría de las personas que vienen al casino no

apuestan en juegos de mesa, sino que pasan horas en las (3)_____.

Mi puesto favorito es el de guardia. La mayoría de nuestros clientes vienen al casino cuando

(4)_____ como parte de una noche divertida. Para algunos, el juego es

sólo una (5)_____, pero para otros es una adicción. Mi

responsabilidad como guardia es observar detenidamente las (6)_____

de los clientes y asegurarme de que sean legales. Es difícil porque algunos son muy

(7)_____ y hacen trampa. ¡Cambian las cartas sin que se note! Es un

trabajo muy emocionante, pero una desventaja es que hay que trabajar muchas horas seguidas. El

casino está abierto hasta las seis de la madrugada, y muchas veces tengo que

(8)_____.

¡Así lo hacemos! ESTRUCTURAS

2. Uses of definite and indefinite articles

11-9 Un coleccionista de estampillas. Arturo es muy aficionado a las estampillas y tiene una gran colección. A continuación nos va contar lo que hacen él y sus amigos filatélicos. Completa el párrafo con el artículo definido apropiado. ¡Ojo! No se necesita en todos los casos.

Todas (1)_____ semanas hay una reunión de mi club de (2)_____

coleccionistas de (3)_____ estampillas. Nos reunimos en (4)_____ centro

estudiantil de (5)_____ universidad (6)_____ jueves a (7)_____

once de (8)_____ mañana. Hay cinco miembros en (9)_____ grupo:

(10)_____ profesora Ortega, (11)_____ doctor Olivari,

(12)_____ Fray Bernardo, (13)_____ Sor María y yo. Esta semana les voy a

mostrar mis estampillas de países latinoamericanos. Tengo estampillas de (14)_____

Salvador, (15)_____ Chile y (16)_____ Venezuela. Vamos a hablar sobre

(17)_____ valor de (18)_____ estampillas. Después de (19)_____

reunión todos vamos a almorzar juntos en (20)_____ cafetería universitaria.

11-10 Planes. Susana y Gloria están haciendo planes para este domingo. Completa el diálogo con los artículos definidos e indefinidos apropiados.

SUSANA: Hola, Gloria. ¿Qué quieres hacer (1)_____ domingo?

GLORIA: ¿Te apetece ir a (2)_____ corrida de toros?

SUSANA: No, no me gustan (3)_____ toros.

GLORIA: ¿Qué tal si vamos al estadio? Acaba de empezar (4)_____ temporada de

fútbol y me gustaría ver (5)_____ partido del domingo porque va a jugar

(6)_____ nuevo portero de nuestro equipo.

SUSANA: Si quieres ir al estadio debes ponerte (7)_____ impermeable porque va a

llover mucho por (8)_____ tarde. Sería mejor pensar en (9)_____

actividad para hacer en casa. ¿Quieres jugar a (10)_____ cartas?

GLORIA: De acuerdo. A mí me fascina (11)_____ póquer porque es (12)_____

juego emocionante.

SUSANA: Vale, de acuerdo.

11-11 Un torneo de ajedrez. La Federación de Ajedrez celebra un campeonato este fin de semana. Completa el anuncio con el artículo definido o indefinido, según se necesite o no.

¡Vengan al torneo de (1)_____ ajedrez! (2)_____ torneo tendrá lugar

(3)_____ sábado a (4)_____ nueve de (5)_____ mañana en

(6)_____ gimnasio de (7)_____ universidad. Será (8)_____

evento fascinante. Vendrán (9)_____ participantes de todo (10)_____

mundo. Habrá (11)_____ jugador de (12)_____ República Dominicana que

ganó (13)_____ campeonato (14)_____ año pasado y (15)_____

otro jugador de (16)_____ Puerto Rico que lo ganó hace dos años.

(17)_____ gran premio será de (18)_____ mil dólares. ¡Qué

(19)_____ espectáculo más emocionante!

3. Uses of the gerund and the infinitive

11-12 El banyi. Rita tuvo una experiencia emocionante la semana pasada. Escoge la forma adecuada entre paréntesis según el contexto.

A mí me fascinan los deportes pero siempre ando (1. buscar/buscando) nuevas actividades porque los pasatiempos tradicionales me parecen (2. aburriendo/aburridos). La semana pasada descubrí una actividad (3. fascinando/fascinante) —el banyi. Vi un anuncio en la televisión sobre un curso de banyi y salí (4. correr/corriendo) para apuntarme. La primera vez que lo intenté me puse nerviosa porque (5. tirarse/tirándose) de un punto tan elevado es (6. aterrorizando/aterrorizador). Cuando lo hice, me dejé caer (7. gritar/gritando), pero fue una experiencia muy (8. emocionando/emocionante) y quiero volver a hacerlo. ¡Ahora las actividades tranquilas como (9. jugar/jugando) tenis me interesan muy poco!

11-13 El toreo. Nerea ha ido por primera vez a una corrida de toros y está compartiendo su experiencia contigo. Completa el párrafo con el gerundio o el infinitivo de los verbos, según el contexto.

correr	matar	participar	torear
ir	mirar	pensar	ver

A muchas personas la idea de (1)_____ una corrida de toros les parece absurda porque opinan que (2)_____ un toro es cruel. A mí tampoco me gusta (3)_____ en los pasatiempos violentos. Sin embargo, después de (4)_____ a una corrida de toros por primera vez salí de la plaza (5)_____ en el toreo como un espectáculo fascinante. Hay momentos tensos cuando el toro sale (6)_____ hacia el torero, pero es increíble cómo el torero domina al toro. Los espectadores se quedan (7)_____ al torero con gran entusiasmo cuando maneja el capote con gran habilidad. Siempre me ha parecido que (8)_____ era una actividad peligrosa pero no sabía que requería tanta gracia y tanto arte.

11-14 El juego. Mariana le pregunta a Esteban qué le gusta hacer en el casino. Completa la conversación con infinitivos o gerundios, según el contexto.

MARIANA: Esteban, ¿juegas mucho en el casino?

ESTEBAN: Sí, me paso todos los sábados (1)_____ en el casino.

MARIANA: ¿Apuestas mucho dinero cuando vas al casino?

ESTEBAN: No, porque (2)_____ mucho me pone nervioso.

MARIANA: ¿Te gusta jugar al póquer?

ESTEBAN: Sí, (3)_____ al póquer es uno de mis pasatiempos
favoritos.

MARIANA: ¿Fumas cuando estás en el casino?

ESTEBAN: No, está prohibido (4)_____ en el casino donde yo juego.

MARIANA: ¿Te pones a llorar cuando pierdes mucho dinero?

ESTEBAN: Nunca salgo del casino (5)_____ porque no apuesto
mucho dinero.

CONEXIONES
Páginas

11-15 Antes de leer. Estudia el siguiente vocabulario que encontrarás en la lectura. Luego responde las preguntas de la actividad.

Vocabulario clave			
agobiar	*to burden*	**en marcha**	*running; flying*
alejado/a	*far away*	**nudo**	*knot*
alojamiento	*lodging*	**parapente**	*hang-gliding*
aterrizaje	*landing*	**toledano/a**	*from the town of Toledo, Spain*
cuando menos	*at the very least*		

1. ¿Qué haces normalmente durante el verano?
   a. viajar
   b. ir a la piscina
   c. ir a la playa
   d. ir al campo / la montaña
   e. quedarme en casa
   f. otros:_____

2. ¿Has practicado alguno de estos deportes de riesgo o de aventura?
   a. banyi
   b. escalada
   c. esquí extremo
   d. *kitesurf*
   e. paracaidismo
   f. parapente
   g. rafting
   h. submarinismo
   i. otros:_____

3. ¿Cómo lo hiciste?
   a. con una empresa profesional
   b. con unos amigos aficionados
   c. solo/a
   d. otro:_____

4. Si no lo has intentado aún pero te gustaría practicar uno de estos deportes de aventura, ¿cómo te gustaría que fuera tu primera experiencia?
   a. con un grupo organizado y con un monitor experimentado (una monitora experimentada)
   b. por libre
   c. con amigos
   d. solo/a
   e. otro: _____

Ahora lee la lectura para saber más sobre algunos deportes de aventura.

Para practicar en verano:
Parapente y paracaidismo

Todos los años el calor agobia a los habitantes de Madrid durante el verano. Por eso, muchos madrileños, especialmente los jóvenes, siempre tratan de encontrar soluciones al calor al igual que actividades que son buenas para el cuerpo. Nueva Aviación parece haber encontrado la solución. Esta empresa descubrió la forma de ganar dinero buscando la diversión de los ciudadanos y su participación en actividades deportivas aparentemente desconocidas.

En su programa de actividades para este verano destacan, por ejemplo, los cursos de paracaidismo, una práctica normalmente muy alejada de las posibilidades de los ciudadanos. La idea de abandonar un avión en marcha pone, cuando menos, un nudo en la garganta. Sin embargo, aquéllos que prueban alguna vez esa sensación le cogen el gusto y ansían repetirla. El paracaidismo deja de ser una necesidad para casos extremos y se convierte en una diversión.

La zona elegida por la empresa organizadora de los cursos es Ocaña, una localidad toledana situada a 60 kilómetros de Madrid que cuenta con una de las mejores instalaciones de España. El curso básico se compone de dos saltos de 800 metros con paracaídas rectangulares dirigibles de última generación y un radiotransmisor para dirigir los aterrizajes. Todo esto bajo la supervisión de excelentes instructores. El precio es de 40.000 pesetas.

Otra de las ofertas, ya existente en años anteriores, son los cursos de parapente. Seis días intensivos en La Alcarria, a 70 kilómetros de Madrid, en una de las mejores zonas de vuelo de la península para aprender un deporte divertido y relajante. Incluye clases teóricas y prácticas, material, licencia de la federación, alojamiento durante cinco noches y acceso a la piscina durante los días del curso. El precio por persona es igualmente de 400 euros.

11-17 Después de leer. ¿Has comprendido? Contesta las preguntas sobre el anuncio.

1. ¿Qué hace la empresa Nueva Aviación?

   _____

2. ¿Qué actividades ofrece este verano?

   _____

3. ¿En qué consiste el curso básico de paracaidismo?

   _____

4. ¿Cuánto cuesta el curso?

   _____

5. ¿Qué incluye el curso de parapente?

   _____

6. ¿Has practicado alguna vez el paracaidismo o el parapente? ¿Te gustaría participar en estas actividades? ¿Por qué?

   _____

   _____

7. ¿Qué opinas de los deportes «extremos» que están de moda actualmente? ¿Crees que son populares porque son divertidos o porque son peligrosos?

   _____

8. ¿Qué te parece el precio de las actividades en el anuncio? ¿Gastarías tanto dinero para participar en estos deportes? ¿Cuánto dinero gastas al año en tus pasatiempos?

   _____

   _____

TALLER

11-18 Antes de escribir. Piensa en un pasatiempo extraordinario en el que participaste alguna vez. Apunta algunos recuerdos sobre la experiencia.

11-19 A escribir. Narra la experiencia que tuviste. Explica por qué lo hiciste, cómo esperabas que fuera y cómo te sentiste al hacerlo. ¿Te gustaría participar en la actividad otra vez? Usa correctamente los tiempos del subjuntivo en la composición.

11-20 Después de escribir. Cambia tu composición por la de un compañero (una compañera) de clase. ¿Te gustaría participar en el pasatiempo que describió él/ella?

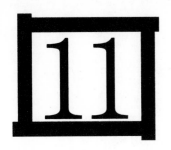

Lab Manual
El tiempo libre

PRIMERA PARTE
¡Así lo decimos! VOCABULARIO

11-21 Nuestras vacaciones. Marisela y su esposo acaban de regresar de sus vacaciones. En la siguiente grabación Marisela nos cuenta sobre su viaje. Escucha la grabación cuantas veces sea necesario y luego completa las oraciones con una de las palabras de la sección *¡Así lo decimos!*

Marisela y su esposo fueron a la Isla Margarita de vacaciones. Ellos lo pasaron muy bien. Como a

ellos les encanta (1)_____, decidieron

(2)_____ desde el primer día. El segundo día hicieron una actividad

más tranquila. Ellos (3)_____. Llegaron a un lugar muy tranquilo en

medio del mar y como a su esposo le encanta (4)_____, se quedaron

ahí por dos horas. Cuando decidieron volver a la playa, Marisela y su esposo tuvieron que

(5)_____ hasta llegar a la costa. Cuando finalmente llegaron, los

pobres estaban (6)_____. Estaban tan cansados que durmieron el resto

del día. A pesar de esta pequeña aventura, las vacaciones de Marisela y su esposo fueron maravillosas.

11-22 ¿Sabes cuál es la palabra? Estas personas nos hablan de cómo les gusta pasar el tiempo libre. Escucha la siguiente grabación y durante la pausa elige la palabra de la lista que complete la frase lógicamente.

animar	un campamento	el montañismo
el arco y la flecha	las damas	el paracaidismo
bucear	levantar pesas	el patinaje sobre hielo

1. _____

2. _____

3. _____

4. _____

5. _____

¡Así lo hacemos! ESTRUCTURAS

1. Sequence of tenses with the subjunctive

11-23 Unas vacaciones horribles. Graciela recientemente fue de vacaciones. Ella no lo pasó muy bien porque al llegar a Costa Esmeralda, ella y su esposo tuvieron algunos problemas. Escucha la grabación donde ella nos cuenta su experiencia. Después de escuchar la narración, rellena los espacios con el presente o el imperfecto de subjuntivo según lo que escuches.

No encontramos ningún hotel que (1)_____ una habitación

disponible. Tuvimos que dormir en un parque la primera noche. Yo tenía miedo de que alguien nos

(2)_____ las cosas o nos (3)_____.

Yo soy muy organizada, y antes de salir de vacaciones siempre insisto en que

(4)_____ nuestras reservas. Cuando

(5)_____ de vacaciones la próxima vez, yo haré todas las reservas y

las confirmaré antes de salir. Jamás confiaré en mi esposo para que nunca más

(6)_____ a tener que dormir en un parque.

11-24 ¿Cuál es la razón? En la actividad anterior identificaste los verbos que están en el presente y el imperfecto de subjuntivo. Vuelve a escuchar la grabación e identifica la frase que requiere que este verbo esté conjugado en el presente o el imperfecto de subjuntivo.

> MODELO: **Tú escuchas:** Yo no quería que él planeara nuestras vacaciones.
> **Tú escribes:** (planeara) quería que [imperfect, therefore we use imperfect subjunctive]

1. _____

2. _____

3. _____

4. _____

5. _____

6. _____

11-25 Algunos comentarios. Estás en una cafetería con un amigo charlando y él está poniéndote al día de los últimos acontecimientos. Lee bien las frases a continuación. Después escucharás una serie de frases seguidas por una pausa. Elige cuál de los siguientes comentarios responde lógicamente a la frase que escuchaste.

_____a. Es increíble que hayas tenido tanta suerte.

_____b. Sería maravilloso que algún día llegaras a ser un gran jinete.

_____c. Sería bueno que fueras al doctor. Ésta es la segunda vez que te pasa lo mismo.

_____d. Te aconsejo que les mandes una queja a los organizadores del torneo. Las personas que preparan las canchas son muy irresponsables.

_____e. Es una lástima que haya hecho tanto viento.

SEGUNDA PARTE
¡Así lo decimos! VOCABULARIO

11-26 Las Vegas. A los padres de Gabriela les encanta ir a Las Vegas. En la siguiente grabación ella nos cuenta cosas sobre sus padres. Escucha la grabación cuantas veces sea necesario y luego completa las oraciones con una de las palabras de la sección *¡Así lo decimos!*

A los padres de Gabriela les fascinan (1)_____. Ellos coleccionan

(2)_____ y máquinas de juegos. A ellos también les encanta

(3)_____. Por eso, una vez al año ellos van a Las Vegas y apuestan

mucho dinero. Su papá es muy (4)_____. Tiene

(5)_____ muy buenas. Su mamá no es tan buena. Ella sólo apuesta en

(6)_____. Esta actividad la mantiene entretenida por horas. Cuando

regresan, están muy cansados porque siempre que van a Las Vegas

(7)_____ mucho.

11-27 ¿Sabes cuál es la palabra? Gabriela nos describe ahora las actividades favoritas de ella y de otros miembros de su familia. Escucha la siguiente grabación y durante la pausa elige la palabra de la lista que complete la frase lógicamente.

aficionada	bordar	el parchís	sello
el banyi	exhibirse	salir de parranda	torear

1. _____   4. _____

2. _____   5. _____

3. _____

¡Así lo hacemos! ESTRUCTURAS

2. Uses of definite and indefinite articles

11-28 El torneo de tenis. Acaban de anunciar en la radio que va a haber un torneo de tenis, pero Gloria no ha tenido tiempo de apuntar toda la información. Ayúdala. Escucha la grabación cuantas veces sea necesario y luego elige la respuesta correcta según lo que escuchaste.

1. El torneo será:
   a. el domingo   b. los domingos

2. El torneo será:
   a. a la una   b. a las 3:00

3. El próximo torneo será en:
   a. el verano   b. la primavera

4. El próximo torneo será:
   a. el 15 de mayo   b. el 25 de mayo

5. El jugador vive en:
   a. La Habana   b. el Perú

11-29 Preguntas sobre el torneo. Gloria acaba de regresar del torneo de tenis, al cual Susana no pudo ir. En la siguiente grabación escucharás la conversación entre Susana y Gloria. Escucha la grabación cuantas veces sea necesario y luego durante la pausa elige el artículo indefinido apropiado.

1. a. uno   b. un

2. a. una   b. un

3. a. unos   b. un

4. a. una   b. unas

5. a. una   b. un

11-30 Un jinete. Pilar y su esposo Ignacio se están describiendo para que sus nuevos vecinos los conozcan mejor. Primero, completa el siguiente párrafo con el artículo definido o indefinido. Si no se requiere ninguno, escribe una X en el espacio. Después, escucha la grabación para verificar tus respuestas.

PILAR: Soy (1)_____ profesora de

(2)_____ español en

(3)_____ universidad y mi esposo es

(4)_____ jinete. Él aprendió a montar cuando era niño y

vivía en (5)_____ Paz, Bolivia.

IGNACIO: Es verdad, soy (6)_____ jinete excelente. He montado

(7)_____ cientos de caballos por muchos años.

(8)_____ caballos que yo monto son los mejores.

3. Uses of the gerund and the infinitive

11-31 Mis opiniones. Tu novio te cuenta cosas sobre sus aficiones y las de su familia. A continuación tú le das tu opinión al respecto. En la siguiente grabación escucharás una serie de frases seguidas por una pausa. Durante la pausa, completa las oraciones lógicamente con el infinitivo de uno de los siguientes verbos.

cocinar	jugar	pescar
conocer	nadar	saltar
escalar	patinar	ser

1. A mí no. _____ es aburridísimo.

2. Me parece que _____ de un avión es una locura.

3. _____ es uno de los mejores ejercicios que puedes hacer.

4. _____ con mis abuelos puede ser divertido.

5. _____ ha sido el sueño de toda mi vida.

11-32 Tus gustos. Ahora tu novio y su compañero de cuarto hablan de los gustos de cada uno. A continuación escucharás la conversación sobre sus gustos. Al final de cada respuesta escucharás una pausa. Durante la pausa, elige el verbo de la lista que complete la frase lógicamente.

aburridos/aburriendo/aburrida	divertidos/divirtiendo/divertida
aterrador/aterradora/aterrorizando	entretenido/entreteniendo/entretenida
correr/corrido/corriendo	jugado/jugando/jugar

1. Me parecen _____ .

2. Siempre ando _____ .

3. Esa actividad es _____ .

4. Me gusta _____ .

5. Es _____ .

11-33 El juego de las palabras. Ahora vas a jugar con tu novio/a a un juego que consiste en que uno dice una palabra y el otro tiene que ponerla en una oración que tenga sentido. A continuación escucharás una serie de palabras. Algunas son adjetivos, infinitivos o gerundios. Escucha la lista cuantas veces sea necesario y luego escribe una oración original usando cada una de las palabras.

MODELO: **Tú escuchas:** apostar
           Tú escribes: Debes pagar la renta antes de apostar tu dinero.

1. _____

2. _____

3. _____

4. _____

CONEXIONES

11-34 Aprende a bucear. Acabas de escuchar un comercial de radio que ofrece clases de buceo. Después de escuchar la grabación, indica si las siguientes frases son ciertas o falsas y corrígelas.

1. _____ El nombre de la escuela es El Arrecife.

2. _____ Los instructores tienen más de 15 años de experiencia.

3. _____ Las clases para principiantes se enseñan en el mar.

4. _____ Sólo algunos instructores tienen la certificación PADI.

5. _____ La edad mínima para aprender a bucear es de 10 años.

Workbook
El siglo XXI: Así será

PRIMERA PARTE
¡Así lo decimos! VOCABULARIO

12-1 Una expedición submarina. Un grupo de científicos puertorriqueños explorará la segunda región más profunda del mundo que está al norte de la Isla. Completa la noticia del periódico sobre su futura experiencia con estas palabras de *¡Así lo decimos!*

a bordo	explorar	operados
adaptarse	funciones	rescatar

Cuatro científicos puertorriqueños estarán (1)_____ de una pequeña estación submarina y llevarán a cabo la próxima semana una expedición en el fondo del mar. Su propósito primordial será (2)_____ esta región casi desconocida de nuestro planeta así como recolectar muestras de nuevas especies de plantas y animales para estudiarlas y poder (3)_____ otras especies en peligro de extinción. La estación submarina es muy pequeña y tiene muchos aparatos electrónicos que desempeñarán (4)_____ específicas. Por ejemplo, la estación tiene un par de brazos mecánicos (5)_____ por control remoto que recogerán muestras de ese misterioso ecosistema. La tripulación se compone de un biólogo marino, un ingeniero mecánico y una microbióloga. Según el biólogo Franco Rengel, será difícil para ellos (6)_____ a vivir en un espacio tan pequeño sin poder ver la luz del sol, pero el submarino está óptimamente equipado para que la misión sea todo un éxito.

12-2 Noticias de ciencia y tecnología. En la página sobre ciencia y tecnología del periódico hay noticias muy interesantes sobre los últimos avances. Completa la página del periódico con estas palabras de *¡Así lo decimos!* Recuerda hacer los cambios pertinentes según el contexto.

a bordo	exploración	imitación
antropomórfico/a	fuego	incendio
autómata	funcionamiento	rescatar
estar en marcha		

Noticias de ciencia y tecnología

♦ Según la astrónoma Ana María Rodríguez, la reciente (1)_____ del planeta Marte ha permitido ampliar los conocimientos sobre el planeta rojo que teníamos antes.

♦ Se han descubierto muchas (2)_____ más baratas del chip de memoria 250X, por eso Ud. debe asegurarse de que el chip que compre sea de la compañía Intel.

♦ Varios astrobiólogos aseguran que, si existe vida extraterrestre, lo más probable es que no sea (3)_____.

♦ El modelo *GrandSport* de la Maserati anoche ganó varios premios (*awards*) internacionales por el mejor diseño y el mejor (4)_____.

♦ Ya (5)_____ la producción del nuevo modelo del avión más grande del mundo: el Airbus 380.

♦ Un nuevo (6)_____ permitirá manejar compuestos radioactivos de una manera más eficiente y segura para los científicos.

♦ La tripulación (7)_____ de la nave espacial (*spaceship*) que despegó ayer ha logrado reparar el problema mecánico.

♦ El grupo ambiental AIRE está planeando una expedición al Amazonas para tratar de (8)_____ al Dr. Pierce, el famoso biólogo y activista ambiental que permanece perdido en la selva.

♦ Ayer hubo un (9)_____ en uno de los laboratorios de la NASA. Unos experimentos importantes se perdieron en el (10)_____.

¡Así lo hacemos! ESTRUCTURAS

1. *Se* for unplanned events

12-3 Los aparatos electrónicos. Luz no puede hacer su trabajo porque los aparatos de la oficina no funcionan. Completa su conversación con la supervisora con los pronombres apropiados.

SRA. ORDÓÑEZ: Luz, ¿por qué no has sacado las fotocopias que te pedí?

¿(1)_____ olvidó hacerlo?

LUZ: No pude sacar las copias porque (2)_____ rompió la fotocopiadora esta mañana.

SRA. ORDÓÑEZ: ¿Hablaste con nuestro nuevo cliente sobre su pedido?

LUZ: Bueno, estábamos hablando por teléfono cuando

(3)_____ cortó la conexión.

SRA. ORDÓÑEZ: ¿Por qué no usas tu teléfono celular?

LUZ: No lo tengo, (4)_____ quedó en casa.

SRA. ORDÓÑEZ: ¿Y no (5)_____ ocurrió escribirle un correo electrónico?

LUZ: No puedo porque (6)_____ perdió la contraseña para acceder al programa.

SRA. ORDÓÑEZ: Escríbele una carta, entonces.

LUZ: La impresora del ordenador está rota. Los secretarios intentaban moverla esta

mañana cuando (7)_____ cayó.

SRA. ORDÓÑEZ: ¡Qué desastre! Debemos hablar con nuestro técnico para que nos repare los aparatos.

LUZ: Es que el técnico no ha venido a la oficina hoy.

(8)_____ enfermó el hijo y se quedó en casa con él.

SRA. ORDÓÑEZ: Parece que hoy no podremos trabajar.

12-4 La tecnología moderna. Guillermo piensa en la tecnología que le haría la vida más fácil. Completa las oraciones con los pronombres apropiados y el presente de indicativo o subjuntivo de los verbos, según el contexto.

> MODELO: Mis hijos necesitan un sistema automático que les recuerde que tienen que darle de comer a los peces. Siempre *se les mueren* (morir) estas mascotas.

1. Mi esposa y yo necesitamos cerraduras (*locks*) que sólo requieran una contraseña porque

   _____ (perder) frecuentemente las llaves de la casa.

2. Quiero un autómata para prepararme la cena porque a mí siempre

   _____ (quemar) la comida.

3. Voy a comprarle una agenda electrónica a mi hijo mayor para que no

   _____ (olvidar) lo que tiene que hacer para sus clases.

4. Les compraré un teléfono celular a mis hijas con tal de que no

   _____ (ocurrir) usarlo más de cinco minutos al día.

5. Debemos comprar un ordenador nuevo antes de que _____ (estropear) el que tenemos.

6. Me gustaría tener un robot que siguiera a mis hijos y reparara todo lo que rompen —¡

   _____ (caer) todo!

12-5 Una fábrica robotizada. El señor Núñez explica por qué va a reemplazar a sus empleados con un sistema robotizado. Completa el párrafo con el tiempo de pasado adecuado de los verbos de la lista y los pronombres apropiados.

caer	ocurrir	quemar
ir	perder	romper

Colegas, siento decirles que ahora que ha empezado el nuevo milenio

(1)_____ robotizar la fábrica. A nosotros ya

(2)_____ la época de la mano de obra humana. Para competir con las

grandes compañías tengo que usar los métodos de producción más eficaces, y los autómatas no

tienen fallas como los seres humanos. Hace unos meses ustedes no limpiaron el equipo después de

usarlo y (3)_____ una máquina. David, tú eres un poco torpe. La

semana pasada (4)_____ más de diez productos. Matilde, ayer no

pudimos entrar en el almacén porque a ti (5)_____ la llave. ¡Y tienen

unos vicios peligrosos! Hace unos días (6)_____ unos documentos

importantes míos porque alguien dejó un cigarrillo en mi escritorio. Lo siento mucho, pero es mejor

que pruebe con los autómatas para ver si así habrá menos problemas.

SEGUNDA PARTE
¡Así lo decimos! VOCABULARIO

12-6 Proyectos para el nuevo milenio. El doctor Rojas es un astrofísico que está trabajando en muchos proyectos para el nuevo milenio. Completa las oraciones con estas palabras de *¡Así lo decimos!*

chocar	desviar	órbitas
desintegrarse	lanzar	propuesta

El doctor Rojas tiene una (1)_____ para diseñar un cohete (*rocket*)

más económico que los que usan ahora para los viajes al espacio. El famoso científico está

estudiando la posibilidad de (2)_____ armas nucleares al espacio para

(3)_____ los cometas que se acercan a la Tierra. El doctor Rojas

quiere establecer un sistema para avisar al público si un meteoro va a

(4)_____ con la Tierra. También está analizando las

(5)_____ de muchos cuerpos celestes para saber si pueden

(6)_____ al impactar contra otros.

12-7 El cometa *Shoemaker*. En el noticiero de la tarde aparece una noticia sobre el cometa *Shoemaker*. Completa el párrafo con palabras de *¡Así lo decimos!* ¡Ojo! Hay que usar el pretérito de los verbos.

chocar	desviar	lanzar
debido a	golpear	trozo
desintegrarse		

Actualmente hay mucho interés en saber si es posible que un cometa caiga en la Tierra

(1)_____ la colisión entre el cometa *Shoemaker* y Júpiter.

En 1992 la fuerza gravitatoria de Júpiter (2)_____ la órbita del cometa,

el cual se dividió en varios fragmentos. En 1994, los pedazos (3)_____

contra el planeta. Estos (4)_____ del cometa no

(5)_____ la superficie del planeta sino que

(6)_____ al entrar en contacto con la atmósfera.

¡Así lo hacemos! ESTRUCTURAS

2. The passive voice

12-8 La conquista del cosmos. Muchos avances fueron logrados por individuos y grupos de científicos que hoy nos permiten saber más sobre el universo. Escribe oraciones completas con la voz pasiva.

MODELO: primer cometa artificial / lanzar / alemanes
El primer cometa artificial fue lanzado por los alemanes.

1. telescopio / inventar / Galileo Galilei

   _____

2. agujeros negros / descubrir / Stephen Hawking

   _____

3. energía solar / utilizar / primera vez / operar / motor de vapor / 1878

   _____

   _____

4. primer satélite artificial, Sputnik, / construir / en Korolev

   _____

5. la teoría de la relatividad / proponer / Albert Einstein

   _____

6. las galaxias NGC 4261 y M100 / fotografiar / Hubble

   _____

7. un meteorito proveniente de Marte / analizar / en un laboratorio norteamericano

   _____

8. la existencia de otros planetas fuera de nuestro sistema solar / verificar / científicos de / universidad / Harvard y San Francisco State

   _____

12-9 Tu película. Tienes una idea para una película de ciencia-ficción y quieres mandársela a algún director famoso de Hollywood. Completa el resumen de la trama de tu película con la voz pasiva de los verbos de la lista.

> avisar   detectar   tomar
> derribar   donar

En la película de ciencia-ficción «Meteorito» un meteoro que se acercaba a la Tierra

(1)_____ por unos científicos del observatorio universitario. Las

autoridades de las ciudades en peligro (2)_____ y algunas

precauciones (3)_____, por eso nadie resultó herido. Sin embargo,

muchos edificios y casas (4)_____ por el meteorito. Millones de

dólares (5)_____ por el gobierno para reconstruir estos pueblos.

12-10 Invenciones y descubrimientos del siglo XXI. Todos conocemos los inventos y adelantos que se descubrieron en el siglo XX, pero ahora te toca imaginar y pensar en qué nuevos descubrimientos e invenciones se van a desarrollar a lo largo del siglo XXI. Escribe dos oraciones completas usando la voz pasiva y el futuro y otras dos usando el *se* pasivo en el futuro.

> MODELO: En el siglo XXI la vacuna definitiva para curar el SIDA *será descubierta.*
> O:
> En el siglo XXI *se descubrirá* la vacuna definitiva para curar el SIDA.

1. _____

2. _____

3. _____

4. _____

3. Diminutives and augmentatives

12-11 Los objetos del futuro. Piensa en cómo serán los objetos del futuro. Completa las oraciones con los diminutivos y aumentativos de las palabras subrayadas, según el contexto.

1. Los <u>coches</u> probablemente serán muy pequeños porque usarán menos gasolina que los

_____ que eran populares en el pasado.

2. Los <u>teléfonos</u> serán más compactos. El éxito de la tecnología celular hará que la gente prefiera los _____ que puedan llevar en el bolsillo en lugar de los _____ que usamos ahora.

3. Las <u>computadoras</u> seguirán evolucionando. Las _____ que tenemos en nuestras oficinas y casas serán reemplazadas por _____ portátiles.

4. Los <u>televisores</u> serán más grandes que nunca. Todos querrán cambiar sus _____ por los _____ de pantalla gigante.

5. Las <u>casas</u> serán más pequeñas. Con la superpoblación del mundo no habrá sitio para estas _____ que tenemos ahora, y todos viviremos en _____.

12-12 La vida extraterrestre. Algo que nos preocupa a todos y sobre todo a los científicos es si hay vida o no en otros planetas. Completa el siguiente artículo con el diminutivo o aumentativo de las palabras de la lista, según el contexto.

> fósil   planeta   trozo
> meteoros   problema

¿Hay vida en otras partes del universo? Muchos científicos se dedicarán al estudio de este

(1)_____ en el nuevo milenio. Todavía no tenemos evidencia firme, pero hay algunas señales que apuntan a la posibilidad de vida extraterrestre. Existen meteoros enormes en el espacio, pero al entrar en la atmósfera terrestre, su tamaño se reduce y se convierten en

(2)_____. Algunos de los que han caído en la Tierra se han analizado y se han encontrado (3)_____ que parecen ser de bacteria. Se estudiará Europa, un satélite de Júpiter, porque se cree que hay agua por debajo de los

(4)_____ de hielo que cubren la superficie. Se sabe que hay otros sistemas de planetas en el universo, y tal vez algunos de estos cuerpos tengan las condiciones necesarias para sostener formas de vida. Hasta ahora sólo se han podido detectar

(5)_____ más grandes que Júpiter, pero se puede suponer que también hay planetas más pequeños. Estos descubrimientos no comprueban la presencia de vida extraterrestre, pero demuestran que merece la pena buscarla.

Nombre _____   Fecha _____

CONEXIONES
Páginas

12-13 Antes de leer. Estudia el siguiente vocabulario que encontrarás en la lectura. Luego completa las oraciones de la actividad con las palabras o expresiones apropiadas. Recuerda hacer los cambios necesarios según el contexto.

Vocabulario clave			
carga	*charge; load*	provenir	*to come from*
enlace	*bond*	rodear	*to surround*
nacimiento	*birth*		

1. El planeta Saturno está _____ por varios anillos de polvo y rocas.

2. La teoría del *Big Bang* intenta explicar el _____ del Universo.

3. A mediados del siglo XX se produjo un gran número de películas y programas de radio sobre platillos voladores (*flying saucers*) que _____ del planeta Marte.

4. Los protones tienen _____ positiva y los electrones la tienen negativa.

5. En el _____ iónico uno de los dos átomos pierde uno o varios electrones de su capa más externa en favor del otro átomo.

12-14 A leer

La ionización: el comienzo de todo

Hasta hace poco, los astrónomos que estudiaban el nacimiento de las primeras estrellas y galaxias miraban sólo los objetos más brillantes y más pesados del universo. Pero ahora, también pueden aprender cosas sobre la formación de estrellas y galaxias estudiando las partículas de materia más diminutas: los átomos de hidrógeno ionizados (con carga eléctrica) repartidos entre las galaxias.

Al principio, el universo estaba tan caliente y era tan denso que el hidrógeno estaba ionizado, por lo que los electrones y protones no se podían enlazar. Cuando se enfrió lo bastante para que las partículas pudieran unirse, sus cargas eléctricas se neutralizaron mutuamente. Así nacieron las primeras estrellas y galaxias. Éstas empezaron a formarse hace aproximadamente mil millones de años. Poco después, el hidrógeno volvió a ionizarse.

Al principio, los astrónomos creyeron que la energía venía de quásares (estrellas gigantescas que se alejan a gran velocidad). Pero Paul Shapiro, un astrónomo de la Universidad de Texas, calculó que la energía probablemente provenía de estrellas jóvenes que tenían una gran concentración de calor.

Estas estrellas pueden haber expulsado gran parte del gas que las rodeaba, impidiendo la formación de otras estrellas e incluso haciendo explotar a sus galaxias-madres. Así, estudiando el gas ionizado entre las galaxias, los astrónomos pueden aprender más cosas sobre el nacimiento de las primeras estrellas y galaxias.

12-15 Después de leer. Completa las frases con información basada en la lectura.

1. Antes los astrónomos _____.

2. Hoy en día los astrónomos también _____.

3. La ionización de los átomos de hidrógeno _____.

4. El universo era _____.

5. Las primeras estrellas y galaxias _____.

6. El Dr. Paul Shapiro _____.

7. Al expulsar parte del gas que las rodeaba, las estrellas _____.

8. Los astrónomos pueden aprender más sobre el principio del universo _____.

TALLER

12-16 Antes de escribir. Piensa en algunas de las predicciones que has oído sobre lo que pasará en el siglo XXI. ¿Cuáles te parecen probables? Apunta los cambios que crees que tendrán lugar en algún aspecto de la vida (por ejemplo: la medicina, la ciencia, la educación, la política, las relaciones familiares) en el siglo XXI.

12-17 A escribir. Escribe una composición en la que explicas cómo será este aspecto de la vida en el siglo XXI. Usa el *se* impersonal para expresar lo que se hará en el futuro.

12-18 Después de escribir. Intercambia con un compañero (una compañera) y comparte sus predicciones a la clase.

Lab Manual
El siglo XXI: Así será

PRIMERA PARTE
¡Así lo decimos! VOCABULARIO

12-19 Los huracanes. En agosto y septiembre del año 2004 varios huracanes afectaron tremendamente a los países del Caribe. Escucha la grabación sobre este acontecimiento cuantas veces sea necesario y luego completa las oraciones con una de las palabras de *¡Así lo decimos!* que escuches.

1. Muchos centros turísticos dejaron de _____.

2. Los huracanes le causaron la muerte a cientos de personas, incluyendo a varios

   _____.

3. Estas personas estaban _____ de sus barcos pesqueros.

4. Muchos _____ fueron cerrados para poder ser reconstruidos.

5. En este momento la reconstrucción de vidas, casas, edificios y la economía

   _____.

12-20 ¿Sabes cuál es la palabra? Nuestros reporteros de la calle han salido a preguntarle a la gente qué piensa de los avances tecnológicos y cómo nos afectan. Escucha la siguiente grabación y durante la pausa elige la palabra de la lista que complete la frase lógicamente.

adaptado	las imitaciones	un incendio	una operación
un autómata	imitado	un marinero	el puerto

1. _____

2. _____

3. _____

4. _____

5. _____

¡Así lo hacemos! ESTRUCTURAS

1. *Se* for unplanned events

12-21 Todo salió mal. Raquel tuvo un día desastroso ayer. Depués de escuchar su narración, indica si las siguientes frases son ciertas o falsas.

1. _____ Raquel tuvo que cancelar la operación de su brazo porque se le olvidó que no debía comer nada después de las ocho de la noche.

2. _____ Raquel no llamó al médico para cancelar la operación porque se le quedó su número de teléfono en la oficina.

3. _____ Por la tarde cuando llegó a casa, supo que a sus vecinos se les había perdido el perro.

4. _____ A sus vecinos se les cayó un vaso de vino en la alfombra.

5. _____ A Raquel se le murieron sus dos gatos.

12-22 ¿Alguna vez? Raquel se siente mejor hoy y está tomándose un refresco con una amiga mientras hablan de qué cosas han hecho ya o todavía no. A continuación escucharás una serie de preguntas seguidas por una pausa. Después de escuchar cada pregunta, completa las siguientes oraciones convirtiendo el verbo que escuches en *se* accidental. Debes conjugar el verbo en el pretérito.

> MODELO: **Tú escuchas:** ¿Alguna vez se te ha ocurrido una idea genial?
> **Tú escribes:** Sí, el año pasado *se me ocurrió* ayudarle a cocinar a mi mamá y desde entonces, ella me paga por hacerlo.

1. Sí, _____ Pepito cuando yo tenía 10 años.

2. Sí, una vez _____ ir al aeropuerto para recoger a mis padres.

3. Sí, el año pasado _____ un anillo de diamantes que me habían regalado mis padres.

4. Sí, una vez porque _____ el traje de baño en casa.

12-23 En mis propias palabras. Raquel y tú están jugando a tu juego favorito: ¡el juego de las palabras! A continuación escucharás una serie de verbos. Escucha la lista cuantas veces sea necesario y luego escribe una oración original usando y conjugando cada uno de los verbos en el *se* accidental.

> MODELO: **Tú escuchas:** dañarse
> **Tú escribes:** Se me dañó mi computadora, por eso no pude hacer mi tarea.

1. _____
2. _____
3. _____
4. _____

SEGUNDA PARTE
¡Así lo decimos! VOCABULARIO

12-24 Un accidente. Omar nos cuenta una noticia que escuchó ayer. Escucha la grabación cuantas veces sea necesario y después completa las oraciones con una de las palabras que escuchaste.

1. Ayer hubo _____ en la carretera.

2. Uno de los autobuses quedó _____ en llamas.

3. Los pasajeros que sobrevivieron sufren _____ graves.

4. Parece que uno de los autobuses no vio _____.

5. Uno de los autobuses iba en _____.

12-25 ¿Sabes cuál es la palabra? A Omar le interesa mucho todo lo relacionado con la astrofísica. Escucha la siguiente grabación y durante la pausa elige la palabra de la lista que complete la frase lógicamente.

> | | | |
> |---|---|---|
> | el centilitro | especular | la pulgada |
> | el cometa | el planeta | la superficie |
> | envuelvo | la propuesta | el trozo |

1. _____
2. _____
3. _____
4. _____
5. _____

¡Así lo hacemos! ESTRUCTURAS

2. The passive voice

12-26 Los autómatas. Un científico predice lo que harán los robots del futuro. Escucha la grabación cuantas veces sea necesario, y luego cambia las oraciones de voz activa a voz pasiva.

> MODELO: **Tú escuchas:** Los autómatas guiarán los barcos del comercio marino.
> **Tú escribes:** Los barcos serán guiados por los autómatas.

1. Los trabajos domésticos _____ los autómatas.

2. Las bombas _____ los autómatas.

3. La sangre de los pacientes _____ los autómatas.

4. Las víctimas _____ los autómatas.

5. Las máquinas _____ los autómatas.

12-27 ¿Sabía usted? En la radio están anunciando la nueva *Enciclopedia del siglo XX*. Escucha la grabación cuantas veces sea necesario y luego cambia las frases que escuchaste de voz activa a voz pasiva. Tendrás que conjugar el verbo en el presente de indicativo o en el pretérito según el contexto.

> MODELO: **Tú escuchas:** ¿Sabía usted que el teléfono móvil se usó por primera vez en 1983?
> **Tú escribes:** Desde 1983 se usa el teléfono móvil.
> o:
> **Tú escuchas:** ¿Sabía usted que en 1983 fabricaron el teléfono móvil?
> **Tú escribes:** En 1983 se fabricó el teléfono móvil.

1. En 1901 _____ la primera lavadora eléctrica.

2. En 1903 _____ el primer avión con motor.

3. Desde 1909 _____ café instantáneo.

4. Desde 1923 _____ comida congelada.

5. En 1940 _____ los primeros bolígrafos.

12-28 Inventos del siglo XX. Tu hermana ha decidido pedir una copia de la *Enciclopedia del siglo XX*. Está tan contenta que te llama para contarte algunas de las cosas que ha aprendido. Escucha la grabación cuantas veces sea necesario y luego cambia las oraciones de voz activa a voz pasiva.

MODELO: **Tú escuchas:** Los astronautas exploraron el planeta Marte en el año 2004.
Tú escribes: El planeta Marte fue explorado por los astronautas.

1. El fax _____ Arthur Korn.

2. El primer avión _____ los hermanos Wright.

3. El primer tractor _____ Henry Ford.

4. Los bolígrafos _____ Ladislao Josef Biro y el químico Georg Biro.

5. El primer satélite artificial, Sputnik 1, _____ la ex-Unión Soviética en 1957.

3. Diminutives and augmentatives

12-29 Una conversación entre dos científicos. Estás viendo unos dibujos animados de dos científicos muy locos. Escucha el diálogo entre los dos astrónomos. Luego rellena los espacios en blanco con la forma regular de las palabras que están en diminutivos y aumentativos.

MODELO: **Tú escuchas:** ¿Hablaste con el astronomillo?
Tú escribes: ¿Hablaste con el astrónomo?

DRA. PAULÍN: Dr. Ramos, ¡Mire este (1) _____ por el telescopio!

Luce como un (2) _____ gigantesco.

DR. RAMOS: Lo veo, Dra. Ramos, pero no es tan grande. Me parece más bien una

(3) _____ de nieve. Tiene una

(4) _____ blanca y salen

(5) _____ verdes.

DRA. PAULÍN: Dr. Ramos, con todo respeto, creo que está equivocado. Lo que veo yo no es una

bolita sino un (6) _____. Tiene cráteres enormes y

(7) _____ altas. Parece que va a caer sobre la Tierra.

DR. RAMOS: Bueno, lo dudo. Todavía está a unas (8) _____ de

distancia de la Tierra. Vamos a ver si lo podemos desviar con unos

(9) _____.

DRA. PAULÍN: Pero, Dr. Ramos, ¡ya está llegando ahorita... !

12-30 El juego de los diminutivos y aumentativos. En este juego hay que cambiar las palabras que faltan por sus diminutivos o aumentativos. ¿Te atreves a jugar? En la siguiente grabación escucharás una serie de frases. Escucha la grabación cuantas veces sea necesario y luego rellena los espacios en blanco con el diminutivo o aumentativo de la palabra según el contexto de la oración.

> MODELO: **Tú escuchas:** Necesito que vengas ahora mismo.
> **Tú escribes:** Necesito que vengas ahora mismito.

1. Necesito ir esta tarde al puerto para hablar con el _____ guapo que trabaja ahí.

2. El incendio no fue grave, afortunadamente fue _____.

3. Mi esposo trabaja con _____.

4. Me encantaría tener una _____ donde vivir; algo así como una mansión.

5. Estoy muy preocupada porque tengo un _____.

CONEXIONES

12-31 Una sociedad sin escuelas y sin universidades. Vuelve a la página 419 del texto y lee la lectura sobre El Tec de Monterrey, una universidad virtual. Después escucha la grabación y contesta las preguntas.

1. _____

2. _____

3. _____

4. _____

NOTAS

NOTAS

NOTAS

NOTAS

NOTAS

NOTAS

NOTAS

NOTAS

NOTAS

NOTAS

NOTAS

NOTAS